ÉTUDE

SUR

SERVAT-LOUP

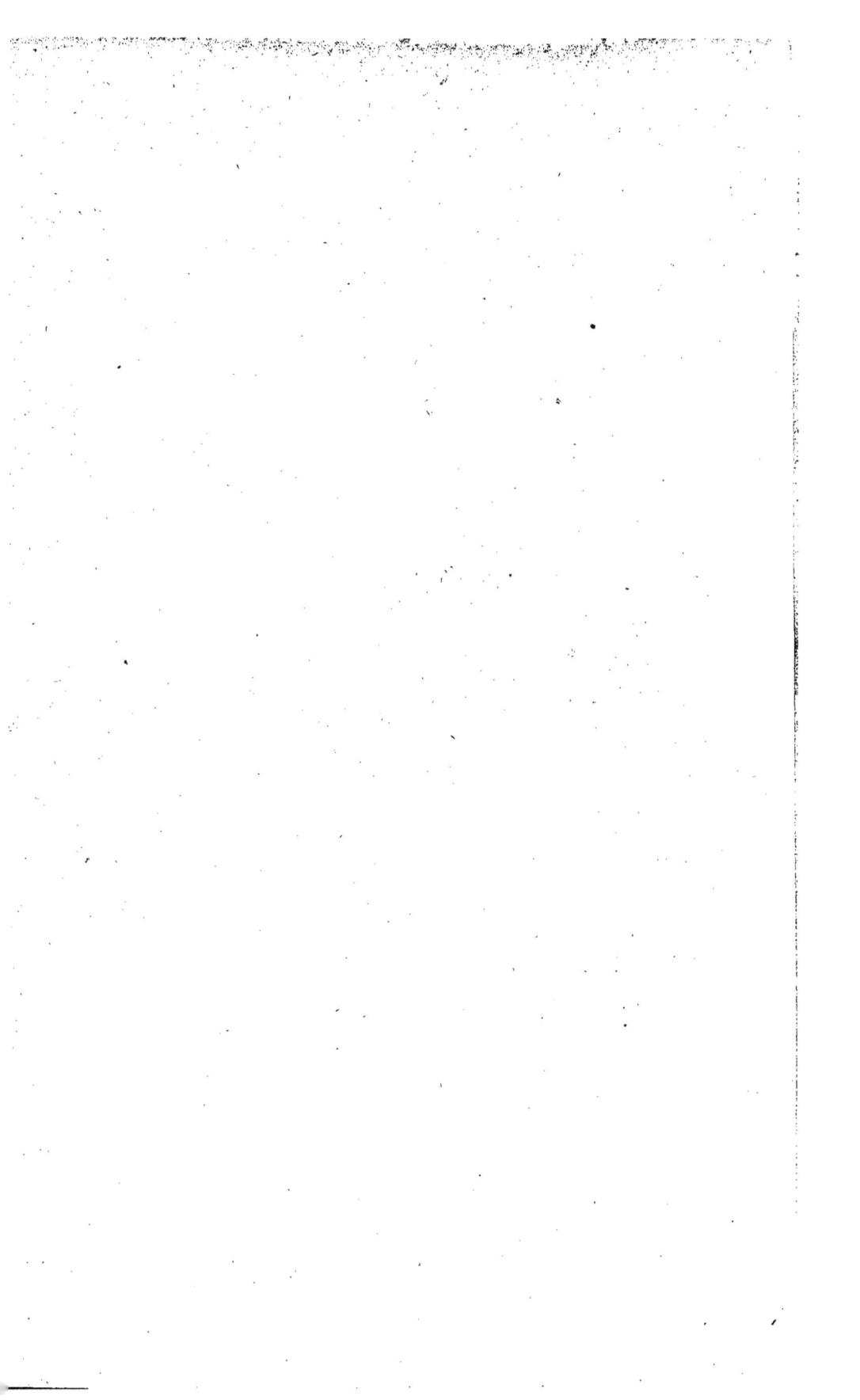

ÉTUDE

SUR LES LETTRES

DE

SERVAT-LOUP

ABBÉ DE FERRIÈRES

THÈSE

Présentée à la Faculté de Paris

PAR

B. NICOLAS

ANCIEN ÉLÈVE DE L'ÉCOLE NORMALE
LICENCIÉ ÈS-LETTRES, AGRÉGÉ DE L'UNIVERSITÉ, PROFESSEUR D'HISTOIRE
AU LYCÉE IMPÉRIAL DE CLERMONT-FERRAND

CLERMONT-FERRAND

TYPOGRAPHIE FERDINAND THIBAUD, LIBRAIRE

Rue Saint-Genès, 8-10.

1861

1862

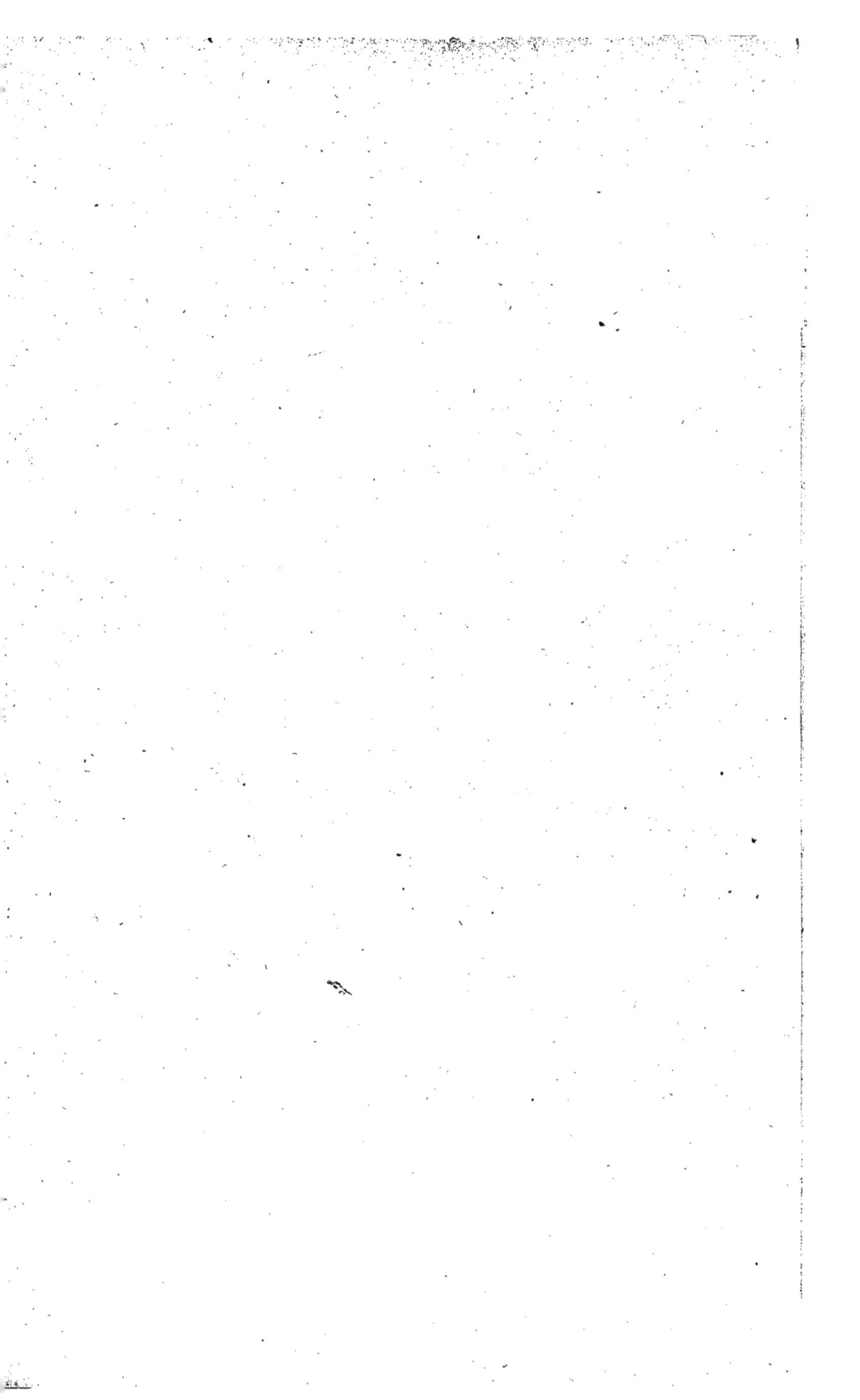

A Monsieur Renault,

Mon Parein,

•

Témoignage de Reconnaissance et d'Affection.

1

Les lettres de Servat-Loup, abbé de Ferrières, sont un document précieux pour l'histoire de la seconde moitié du IXe siècle. Cette époque de nos annales offre un spectacle étrange : Charlemagne, après avoir dompté les peuples qui touchaient aux frontières de la Gaule, s'était efforcé de les faire vivre d'une vie commune sous une administration uniforme, et de les tirer des ténèbres de la barbarie, en réveillant le culte des sciences, des lettres et des arts. Le prestige de son nom maintient debout l'édifice, qu'il a fondé, jusqu'à la fin du règne de son successeur, malgré les rivalités sanglantes des princes de sa famille et la sourde agitation des peuples, qui regrettent leur indépendance. Mais, après la mort de Louis-le-Débonnaire, peuples et rois en appellent au jugement de Dieu, dans les plaines de Fontanet, et trois parts sont faites du démembrement de l'empire. Alors s'ouvre une ère de violence et d'anarchie :

la royauté ébranlée par les commotions, qui ont
brisé l'unité de l'empire, perd la force que lui
avait communiquée Charlemagne ; l'aristocratie
s'isole et tend à se saisir de toutes les prérogatives de la souveraineté ; le fort opprime le faible ;
la ruse et la violence remplacent dans l'ordre civil
et dans l'ordre religieux le droit et la justice ; les
populations, laissées sans appui contre les incursions de barbares avides de sang et de pillage, sont
en proie à la plus affreuse misère ; enfin, au milieu du trouble profond, où s'agitent toutes les existences, le flambeau des lettres que Charlemagne
avait ranimé, pâlit et menace de s'éteindre. C'est
au sein de cette société qu'a vécu l'abbé de Ferrières : ses lettres abondent en détails curieux
sur les idées, les passions, les souffrances des
hommes de son temps, et sur l'affaiblissement des
études scientifiques et littéraires. Recueillir dans
sa correspondance tout ce qui a rapport à l'état politique, religieux et intellectuel de la société au milieu du ix⁰ siècle, voilà l'objet et le plan de cette
étude. Quelques mots sur la vie de l'auteur feront
connaître la valeur et l'importance de son témoignage.

I.

Servat-Loup naquit dans le diocèse de Sens, au commencement du IXe siècle (1). Il sortait d'une famille noble, où le goût des lettres et de la vie religieuse était en quelque sorte inné. Héribold, un de ses parents et peut-être son frère, devint évêque d'Auxerre (2). L'archevêque de Tours, Ursmar (3), l'abbé de Prum, Marcward (4), l'abbé

---

(1) On ne trouve ni dans les lettres de Loup ni dans les ouvrages de ses contemporains les renseignements nécessaires pour fixer d'une manière précise la date et le lieu de sa naissance. Baluze place la naissance de Loup sous le règne de Louis-le-Débonnaire sans indiquer l'année (BALUZE, *Epistolæ Lupi*, not., p. 589). Les Bénédictins pensent que cette assertion ne peut se soutenir; que Loup est né l'an 805 ou 806 au plus tard (*Histoire littéraire de la France*, t. V, n. 2, p. 225); mais ils ont négligé de donner les raisons ou les documents d'après lesquels s'était formée leur opinion.

(2) Epist. 37.

(3) Epist. 16.

(4) Epist. 94.

de Cormeri, Odacre (1) et les moines Ebrard (2) et
Remi (3) étaient ses parents. Dès sa plus tendre enfance, Servat-Loup sentit s'éveiller en lui l'amour
des lettres (4) ; le mouvement imprimé par Charlemagne aux études scientifiques et littéraires
s'était ralenti pendant les troubles et les discordes
civiles, qui agitèrent le règne de Louis-le-Débonnaire : la barbarie reprenait insensiblement le
dessus : déjà même les partisans opiniâtres de
l'ignorance ne cachaient plus leur mépris pour la
science ; les lettres délaissées par la société laïque
s'étaient réfugiées au sein de la société religieuse.
Servat-Loup entra au monastère de Bethléhem
ou de Ferrières, qui dépendait du diocèse de Sens.
L'abbé Aldric lui donna un maître , sous lequel
il apprit la grammaire, la rhétorique et les arts
libéraux. Plus tard, vers l'an 830, Aldric, qui
était devenu archevêque de Sens, l'envoya au
monastère de Fulde étudier la théologie, auprès
de Raban Maur, un des hommes les plus versés

(1) Epist. 86.
(2) Epist. 35.
(3) Epist. 116.
(4) Epist 1. Amor litterarum ab ipso fere initio pueritiæ mihi est
innatus , nec earum ut nunc à plerisque vocantur superstitiosa otia
fastidio sunt.

de son temps dans l'intelligence des divines Ecritures (1). Non loin de là, vivait au monastère de Seligenstadt l'ancien secrétaire de Charlemagne, Eginhard. Il n'était pas rare de voir, à cette époque, des politiques et des hommes de guerre se retirer du siècle et consacrer les derniers moments de leur vie aux lettres et à la prière. Eginhard prit Loup en affection (2); il fut son guide et son maître dans l'étude des chefs-d'œuvre de l'antiquité, pendant les six années (850-836), qu'il passa au monastère de Fulde. A son retour, Servat-Loup fut présenté par ses amis au palais d'Aix-la-Chapelle : Louis-le-Débonnaire et l'impératrice Judith l'accueillirent avec bienveillance et lui promirent de l'élever, avant peu, à quelque dignité (3). Son protecteur Aldric était mort; mais sa naissance et ses lumières lui servirent de recommandation auprès du nouvel abbé de Ferrières, Odon, qui le chargea d'enseigner les lettres profanes dans l'école du monastère. Odon s'habitua peu à peu à le traiter comme son successeur : lorsque les affaires du monastère l'appelaient au

(1) Epist. 1.
(2) Epist. 1.
(3) Epist. 6.

dehors, il l'emmenait avec lui, ou bien, il lui confiait la direction de la communauté (1). Dans un
voyage au palais de Francfort, Servat-Loup tomba
gravement malade; cette épreuve lui révéla toute
l'estime et toute l'affection dont il était déjà en-
touré : « Ma maladie, écrivait-il, après sa guérison, à l'un de ses amis, Altuinus, a produit une
telle abondance de prières, partout où le bruit s'en
est répandu, que je suis tenté de croire que Dieu
me l'a envoyée comme une faveur (2). » A une
époque où la légende n'entrait pas seulement dans
la vie des saints et des héros, mais encore dans la
vie des savants et des théologiens, la guérison de
Loup fut regardée comme l'effet d'un miracle, et
servit plus tard à expliquer son prénom de Ser-
vat (3).

Il y avait quatre ans (836-840) que Loup enseignait, avec un certain éclat (4), dans l'école de

(1) Epist. 36.
(2) Epist. 20.
(3) MIGNE, *Patrologia*, CXIX, p. 450. Ex vita S. Faronis, cap. 118.
— Lupus vero, cum in viridi ætate, videlicet juvenili, studio so-
phiæ floreret, et ob hoc ab abbate suo, qui vocabatur Odo, dulcis-
sime tractaretur, quoniam altera spes illius loci ex beneplacitis ini-
tiamentis jam præmeditabatur, accidit aliquando abbati itinere eum
sociari quo palatium, quod vulgo dicitur Franghenewrt, attingeret.
(4) *Patrologie*, t. XCIX, p. 450. Ex vita S. Faronis, cap. 118. —

Ferrières, lorsque les événements qui suivirent la mort de Louis-le-Débonnaire vinrent réaliser les espérances qu'il avait emportées du palais d'Aix-la-Chapelle. Une vive inquiétude semble alors s'être répandue dans la société religieuse : Servat-Loup écrivait, sous le nom de l'abbé Odon, à son parent Marcward : « Nous flottons, nous sommes incertains, car nous ne pouvons deviner à qui appartiendra notre couvent. (Les trois fils de Louis-le-Débonnaire, Lothaire, Louis-le-Germanique et Charles-le-Chauve se disputaient l'empire.) D'après le récit de vos hommes, les opinions seraient partagées. Dans le cas où le consentement de tous inclinerait vers Lothaire, et où la clémence divine, exauçant nos vœux, vous donnerait auprès de lui une position qui vous permît d'être utile aux serviteurs de Dieu, nous supplions votre paternité de daigner vous souvenir de nous, et autant qu'il sera en votre pouvoir, d'éloigner de notre faiblesse, avec l'aide de Dieu, la malice des pervers (1). » Odon sortit, sans doute, de la prudente réserve sous laquelle il cache dans cette

Lupus ornatus luce sapientiæ, pastor modo pro religione sanclitatis in monasterio famosissimo Ferrariensi, ubi cætus monachorum in Christo cum illo toto orbe est venerandus.

(1) Epist. 26.

lettre ses sympathies pour Lothaire, car Charles-
le-Chauve, devenu maître du diocèse de Sens par
la victoire de Fontanet, lui enleva, en 842, le titre
d'abbé pour le donner à Servat-Loup, que le suffrage des moines désignait à son choix. Servat-
Loup n'avait pas sollicité cette dignité : néanmoins
la malignité s'attacha à sa personne ; on l'accusa,
non-seulement d'avoir supplanté Odon, mais encore d'avoir manqué d'égards envers le malheur,
en précipitant son départ du monastère; accusa-
tion d'autant plus grave, qu'Odon s'était servi de
la plume de Loup dans ses relations avec Lothaire (1), et qu'il l'avait toujours traité avec une
extrême bienveillance (2). C'était là, du reste, une
de ces situations où la pureté des intentions et la
loyauté des actes ne suffisent pas toujours, et avec
raison, pour satisfaire les âmes délicates. Ces
bruits ayant trouvé crédit auprès de l'évêque
d'Orléans, Jonas, Servat-Loup, qui tenait à l'estime de ce prélat, crut devoir lui écrire pour justifier sa conduite. « Je ne sais, lui disait-il, quelle
relation infidèle on vous a faite, à propos de notre
ancien abbé : comme je crains qu'elle ne prévale

(1) Epist. 11.
(2) MIGNE, *Patrologie*, t. CXIX, p. 430.

plus tard dans votre esprit, je vais exposer à votre
sainteté toute la vérité sur ce qui s'est passé. Le
roi, après avoir parlé de notre abbé en termes
qu'il faut ensevelir dans l'oubli, a défendu qu'on
le laissât plus longtemps dans le monastère. De
retour au couvent, je fis connaître à l'abbé cette
décision le plus doucement que je pus ; on lui
donna des hommes pour escorte, des chevaux, des
vêtements et de l'argent pour le voyage ; comme
un ordre du roi m'obligeait à partir le second jour
avant les kalendes de décembre, je décidai qu'il
sortirait du monastère avant le troisième jour qui
précède les nones de ce mois. Je me présentai, en
effet, ce jour-là, comme je l'espérais : après les
compliments d'usage, le roi me demanda ce que
j'avais fait de notre abbé ; moi, qui croyais qu'il
s'était conduit comme il avait été convenu entre
nous, je répondis que j'avais exécuté la décision
qu'on avait prise à son égard. Ayant pris congé
du roi, comme j'approchais du monastère, la
veille des ides de décembre, j'appris que l'abbé
y était resté. Je fus très-inquiet de trouver les
choses autrement que je l'avais dit au roi, notre
seigneur. Je lui envoyai quelqu'un, pendant la
nuit, pour lui dire honnêtement de partir à la
pointe du jour ; car il n'était pas convenable, ni

que je différasse mon entrée, ni que je le trouvasse
là, contre l'ordre de notre seigneur. Il me fit répondre qu'il partirait le lendemain. Pour ne four-
nir aucun prétexte à la calomnie, je lui mandai
que mon entrée n'aurait lieu qu'après son départ.
Il quitta le monastère, emportant tout ce que je
lui avais donné et ce que j'y avais ajouté. Je fis
savoir aux amis que j'avais au palais ce qui s'était
passé, et je saisis un moment favorable pour en
parler à notre seigneur, prévoyant les mensonges
qu'on débiterait : tout le monde approuva ma conduite (1). »

Le monastère de Ferrières était renommé pour
le savoir et la sainteté (2) ; cette réputation grandit
encore sous la direction de Servat-Loup. Depuis
son retour de Fulde, il y avait enseigné les lettres
profanes ; devenu abbé, il redoubla de zèle dans
l'accomplissement de cette tâche, malgré les devoirs souvent pénibles de sa charge. L'abbaye de
Ferrières était obligée au service militaire envers
le roi, et c'était l'abbé qui devait conduire les
hommes à la guerre (3). Vainement Servat-Loup

(1) Epist. 21.
(2) *Patrologie*, t. CXIX, p. 450.
(3) Epist. 24.

sollicita l'exemption de ce service par l'entremise
de ses amis. « Comme vous le savez, leur disait-
il, je n'ai pas appris à donner des coups et à les
parer; j'ignore tous les détails du service dans l'in-
fanterie et dans la cavalerie. D'ailleurs, notre roi
n'a pas seulement besoin d'hommes de guerre;
si une expédition survient, veuillez rappeler au
roi, et au besoin, qu'Hincmar lui dise, que s'il
ne fait pas grand cas de mes travaux, il daigne
au moins prendre en considération ma profession
et m'imposer des obligations qui soient d'accord
avec elles (1). » Les incursions incessantes des Normands, les révoltes des Aquitains et des Bretons,
ne permirent pas à Charles-le-Chauve de se rendre
à ses vœux. Dans une expédition contre les Aquitains, l'an 844, Servat-Loup fut fait prisonnier
au combat d'Angoulême, qui coûta la vie à deux
abbés et à plusieurs personnages considérables (2).
Grâce au comte d'Angoulême, Turpion, il put
rentrer au monastère de Ferrières, après un mois
de captivité (3).

Comme abbé, Servat-Loup fit preuve tout à la

(1) Epist. 78.
(2) Epist. 91.
(3) *Annales ord. Benedict.*, t. II, l. 33, p. 648.

fois de sagesse et de fermeté : il conserva intacts
les biens et les priviléges du monastère contre les
envahissements de la féodalité et contre les prétentions de l'épiscopat. A l'intérieur, il fit observer la règle de Saint-Benoît, dans toute sa rigueur : mais, en même temps, il sut tempérer la
sévérité par une équitable bienveillance ; il ap-
puyait de son crédit et de sa recommandation ceux
qui, par leurs lumières, pouvaient aspirer aux dignités de l'Eglise (1) ; il préparait à ceux que leur
piété conduisait à Rome, une route facile et un
accueil favorable par ses lettres au pape et aux
évêques de la Gaule et de l'Italie (2) ; enfin, dans
ces temps pleins de dangers et de misère, il pour-
voyait à la sécurité et aux besoins de tous, avec
une vive sollicitude (3). Cette administration ferme
et paternelle lui mérita d'être nommé abbé du
monastère de Saint-Amand, dignité qu'il re-
fusa (4), et d'être délégué par Charles-le-Chauve,
avec l'évêque de Troyes, saint Prudence, pour rétablir la discipline dans les monastères de la Bourgogne. Ce prince lui donna bien d'autres marques

(1) Epist. 122.
(2) Epist. 101, 102, 103.
(3) Epist. 125.
(4) Epist. 18.

d'estime et de confiance : l'an 847, il l'emmène au congrès de Marsna, où il allait traiter de la paix avec ses frères Lothaire et Louis-le-Germanique (1); l'an 849, il l'envoie à Rome traiter quelques affaires ecclésiastiques auprès du pape Léon IV (2); la même année, il le mande à l'assemblée de Bourges, pour avoir son opinion sur la fameuse question du libre arbitre et de la prédestination, qui avait été soulevée par le moine Gottscalck et qui divisait les évêques de la Gaule; l'an 858, il le député comme négociateur auprès de son frère Louis-le-Germanique qui avait envahi ses Etats (3). Assurément, l'abbé de Ferrières n'eut pas dans le gouvernement le crédit et l'influence de l'archevêque de Reims, Hincmar; mais ces missions prouvent la haute opinion que Charles-le-Chauve avait de sa capacité et de ses lumières. Dans ses fréquents voyages au palais, Servat-Loup contracta d'illustres amitiés; la reine Irmintrude confiait à sa plume élégante et facile le soin de répondre aux lettres qui lui étaient adressées (4). Les honneurs de l'épiscopat n'étaient

(1) Epist. 50, 59, 60.
(2) Epist. 103.
(3) Epist. 116.
(4) Epist. 89, 95.

point au-dessus du mérite de l'abbé de Ferrières ;
sa naissance et la faveur dont il jouissait auprès
de Charles-le-Chauve lui en aplanissaient le che-
min ; il préféra néanmoins rester fidèle à sa profession, qu'il regardait comme la vie religieuse
par excellence (1). On voit par ses lettres aux archevêques de Reims, de Tours et de Sens, aux
évêques d'Orléans, de Paris, de Troyes, d'Auxerre,
de Besançon, de Noyon, de Beauvais et de Laon,
en quelle estime étaient son caractère et sa science
théologique auprès des prélats du nord de la
Gaule. Pendant vingt-deux ans, il fut, en quelque
sorte, l'interprète obligé de leurs décisions, dans
les synodes et les conciles (2). L'an 844, il dressa
les canons du concile de Verneuil (3) ; l'an 853,
le concile de Paris, composé des évêques de quatre
provinces, le chargea de rédiger la lettre synodale
qui invitait le duc de Bretagne, Noménoé, à cesser
ses ravages, à reconnaître l'autorité de Charles-
le-Chauve et à rétablir sur leurs siéges les évêques
bretons qu'il avait fait déposer comme simoniaques (4) ; l'an 856, il reçut du clergé de Paris

(1) Epist. 29.
(2) Epist. 60.
(3) Epist. 42.
(4) Epist. 84.

la mission d'annoncer à l'archevêque de Sens et à ses suffragants l'élection de l'évêque Enéas (1). L'an 859, il assista au concile de Savonnières, devant lequel Charles-le-Chauve poursuivit l'archevêque de Sens, Wénilon, comme coupable de trahison. L'archevêque de Tours, Hérard, qui avait été chargé de notifier à ce prélat la citation du concile, lui ayant donné à entendre que l'abbé de Ferrières avait demandé sa déposition, Servat-Loup, averti un peu tard, s'empressa d'écrire à Wénilon cette lettre, où éclate le cri de l'honnêteté indignement calomniée : « Je ne suis point surpris que vous ayez été abusé aussi longtemps par le mensonge d'un évêque métropolitain, quand David s'est laissé, un moment, tromper par la calomnie d'un mauvais serviteur. Le serviteur fut puni par la perte de la moitié des biens qui lui avaient été donnés : un évêque ne doit-il pas craindre d'être entièrement privé des promesses célestes ; car, d'après le témoignage du sage Salomon, l'âme de Dieu déteste celui qui sème la discorde parmi ses frères... Comment aurais-je pu devenir assez pervers pour désirer la déposition de celui qui m'a donné la consécration di-

(1) Epist. 98.

vine? J'en atteste sans crainte celui qui nous jugera l'un et l'autre ; depuis le jour où vous avez été investi de l'autorité, je n'ai pas cessé de faire des vœux pour votre avancement en sainteté et en honneur : j'ai toujours été prêt, s'il vous arrivait quelque malheur, Dieu vous en préserve ! et que ma situation ne changeât pas, à vous aider, suivant mes forces, et à vous prouver, de toutes les manières, la sincérité de mon attachement. Si je me sentais coupable d'un acte de perfidie, je ne chercherais pas à cacher un tel crime sous des dénégations, j'avouerais sans détour et je tâcherais d'obtenir mon pardon... Plaise à Dieu, qui plus tard manifestera la vérité de mes paroles, la mettre maintenant au grand jour et, comme prix de mon innocence, rendre indissoluble votre affection pour moi (1). » L'archevêque de Sens reconnut qu'il avait été trompé ; il rendit à l'abbé de Ferrières son estime et son amitié. Servat-Loup fit encore partie, l'an 862, du synode de Pistes, et il rédigea la sentence que ce concile prononça contre l'évêque du Mans, Robert.

C'est à cette année que l'on rapporte généralement la mort de l'abbé de Ferrières. Dès lors,

(1) Epist. 124.

on ne voit plus figurer son nom dans les assem-
blées ecclésiastiques, et aucune de ses lettres ne
fait mention d'événements postérieurs à cette époque. Humaniste et homme d'église par vocation,
homme de guerre par nécessité, conseiller de
Charles-le-Chauve, lié avec les personnages les
plus considérables de la Gaule, Servat-Loup, dans
ces diverses positions, a beaucoup vu des choses
de son temps : et comme à la droiture du caractère, il joignait les lumières d'un esprit cultivé,
ses lettres occupent, à juste titre, une place importante parmi les monuments historiques du
ixe siècle.

PREMIÈRE PARTIE.

II.

Un des faits qui frappent le plus vivement l'esprit, lorsqu'on lit les lettres de l'abbé de Ferrières, c'est la crise que le clergé régulier de la Gaule eut à subir au moment où les divers éléments, qui composaient l'empire carlovingien, se transformèrent pour constituer la société du moyen-âge. La féodalité, la royauté, l'épiscopat et les Normands, tout semble conspirer la ruine des monastères : les seigneurs envahissent leurs biens ; le roi les accable sous le poids du service militaire, pour les besoins de la lutte qu'il soutient contre les ennemis du dedans et du dehors ; les évêques attaquent les priviléges qui leur assuraient une sorte d'indépendance ; enfin, les Normands les pillent et les bouleversent de fond en comble, partout où ils portent leurs courses dévastatrices.

I. — Du vᵉ au vıııᵉ siècle, l'esprit religieux des
peuples et la dureté des temps avaient contribué à
augmenter le nombre des monastères; la piété des
fidèles et des rois les avait richement dotés; et
Charlemagne, par la création des écoles conven-
tuelles, en avait fait des foyers d'instruction et
de lumières. Chaque monastère formait une petite
société soumise à un régime, qui offrait le mélange du despotisme et de la liberté. L'abbé était
élu par tous les moines (1). Comme chef de la
communauté, il jouissait d'une autorité absolue;
c'était lui qui administrait les biens, et qui avait
la libre dispensation des revenus du monastère (2).
Dans certain cas, il consultait les membres de la
communauté, mais lui seul décidait (3). En général, ces petites sociétés pouvaient se suffire à elles-
mêmes; pour les besoins du culte, elles avaient
une église et un prêtre choisi dans leur sein; pour
les besoins matériels, des métairies, qui étaient ex-
ploitées par des colons et des serfs (4); les métiers
comme les arts étaient cultivés par les moines ou
leurs serviteurs; ils fabriquaint des étoffes de

(1) Epist. 40.
(2) Epist. 51.
(3) Epist. 109.
(4) Epist. 21.

lin et de laine; ils travaillaient la pierre, le bois,
et le fer (1); ils façonnaient l'ivoire, l'argent et
l'or, et taillaient les pierres précieuses (2); pour
les besoins intellectuels, il y avait des écoles où
les lettres sacrées et profanes étaient enseignées.
Cependant, les monastères dépendaient, sous
quelques rapports, de l'Eglise et de l'Etat. Ils
étaient soumis à la juridiction spirituelle et à la
surveillance de l'évêque, dans le diocèse duquel
ils étaient situés; aucun moine ne pouvait voya-
ger sans son consentement (3). Quant au roi, ils
lui devaient pour les terres qu'ils avaient reçues
de lui ou de ses prédécesseurs, les uns des prières,
les autres des présents annuels, les autres le service militaire (4). Le roi confirmait l'élection de
l'abbé; dans certains cas, il pouvait le déposer.
Pour tout le reste, les monastères jouissaient
d'une liberté à peu près complète. Cette existence
presque indépendante de la société civile et religieuse, bonne peut-être, dans les temps calmes,
était pleine de périls dans les temps de trouble
et d'anarchie; car elle laissait le clergé régulier

(1) Epist. 75, 111.
(2) Epist. 22, 96.
(3) Epist. 101, 102.
(4) Epist. 24, 52.

sans appui contre l'avidité des seigneurs et contre
les caprices ou les exigences arbitraires du pouvoir; c'est ce qui arriva, après la mort de Louis-
le-Débonnaire (1). Les seigneurs, à la faveur des
discordes civiles qui armèrent alors les fils de ce
prince les uns contre les autres, cherchèrent non-
seulement à se soustraire à l'autorité du roi, mais
encore à s'agrandir aux dépens des monastères
Les plus hardis et les plus puissants envahissaient
à force ouverte les terres qui étaient l'objet de leur
convoitise; les autres fabriquaient de faux titres,
ou bien employaient l'intrigue pour surprendre
au roi une concession régulière (2). L'abbaye de
Ferrières eut, comme la plupart des monastères,
à disputer ses biens à l'avidité des seigneurs.
L'histoire de cette lutte, qui remplit une partie
de la correspondance de Servat-Loup, est un
monument curieux de l'esprit d'envahissement de
la féodalité naissante, de la faiblesse de la royauté
et de l'instabilité des biens de l'Eglise, dans la seconde moitié du ixᵉ siècle.

(1) Epist. 11. — Servat-Loup, à propos de l'usurpation des biens
des monastères par les seigneurs, écrivait à l'empereur Lothaire :
« Hoc scandalum vestro tempore cæpit. »

(2) SIRMOND, t. III, *Concilia antiqua Galliæ:* Concil. ad Theodonis
villam, capit. 3, p. 11. Concilium Vernense II, canon 12, an 844, p. 17.

La celle de Saint-Josse, située sur les bords de la Canche, à quelques lieues d'Etaples, appartenait aux moines de Ferrières. C'était une de ces petites abbayes que les couvents possédaient dans divers cantons. Chaque année, les moines y faisaient la récolte des produits du sol, et l'envoyaient au siége de la communauté (1). La celle de Saint-Josse fournissait au monastère de Ferrières de la cire pour l'église, des vêtements, des légumes, du poisson et du fromage pour l'entretien des moines et de leurs serviteurs (2). A la demande de l'impératrice Judith, Louis-le-Débonnaire avait fait don de cette abbaye aux moines de Ferrières, « afin, disait l'acte de donation, qu'étant à l'abri du besoin, ils servent Dieu dans le monastère, exercent dans la celle l'hospitalité envers les étrangers, et prient avec amour pour le salut et le bonheur des donateurs (3). » Les moines de Ferrières jouirent paisiblement de la pieuse libéralité de ce prince pendant toute la durée de son règne; mais, à la faveur des troubles qui suivirent sa mort, un seigneur, nommé Rhuoding, parvint à se faire don-

(1) Ducange , *Glossarium*, t. II, p. 472.
(2) Epist. 45.
(3) Epist. 71.

ner par Lothaire la celle de Saint-Josse; il avait
sans doute produit de faux titres; car lorsque les
moines réclamèrent en invoquant l'acte de donation de Louis-le-Débonnaire, il les traita d'im-
posteurs. Le monastère de Ferrières avait embrassé le parti de Lothaire, dans la lutte que ce
prince soutenait contre ses frères Louis-le-Germanique et Charles-le-Chauve. Les moines s'autori-
sèrent de leur dévouement pour lui dire : « Quand
même votre père ne nous aurait pas fait ce don,
nous avons travaillé et nous travaillons avec tant
de zèle pour vous, que si nous demandions à
votre excellence cette même abbaye ou quelque
chose de plus, nous avons tous l'espoir que vous
ne nous le refuseriez pas (1). » Lothaire fit droit
à leur réclamation.

Les moines de Ferrières, étant rentrés en possession de la celle de Saint-Josse, s'empressèrent,
lorsque la bataille de Fontanet eut fait passer le
diocèse de Sens sous l'autorité de Charles-le-
Chauve, de lui demander un diplôme qui con-
firmât l'acte de donation de son père. L'abbé
Odon, partisan de Lothaire, avait été déposé, et
Servat-Loup lui avait succédé du consentement de

(1) Epist. 11.

la communauté. Le crédit et la réputation du nouvel abbé de Ferrières auraient été sous un prince ferme un gage de sécurité pour l'avenir ; mais la jeunesse de Charles-le-Chauve et la faiblesse de son caractère encourageaient l'audace des seigneurs. Ce prince, cédant bientôt à de vives sollicitations, donna la celle de Saint-Josse au comte Odulph, un protégé de la reine Irmintrude (1). Loup, de son côté, avait de puissants protecteurs : c'étaient Louis, abbé de Saint-Denys, parent de Charles-le-Chauve, Adhalard, oncle de la reine et comte du palais, et le célèbre archevêque de Reims, Hincmar. Néanmoins, après une année de sollicitations et de démarches, il ne put obtenir qu'une promesse conditionnelle de restitution. Charles-le-Chauve, par un acte daté de la quatrième année de son règne (844), s'engageait à remettre le monastère de Ferrières en possession de la celle de Saint-Josse, à la mort du comte Odulph, ou lorsque ce seigneur aurait été pourvu d'un autre bénéfice (2). La première de ces éventualités pouvait se faire attendre longtemps ; quant à la seconde, elle dépendait des circonstances et

(1) Epist. 71.
(2) *Annales ordinis Benedict.*, t. II, p. 650.

des dispositions du roi; mais le comte du palais
Adhalard devait mettre à profit les occasions favo-
rables qui se présenteraient, et veiller à ce que personne ne desservît auprès de Charles-le-Chauve
les moines de Ferrières (1). Afin de rendre plus
facile la tâche de ses protecteurs, Servat-Loup redoubla de zèle pour le service du roi; il remplit
en Bourgogne une mission qui lui causa beaucoup
de peines et de fatigues; car, dans une de ses
lettres, il se plaint d'y avoir perdu dix chevaux (2);
la même année il prit part à l'expédition d'Aquitaine, qui se termina par la désastreuse bataille
d'Angoulême, où il fut fait prisonnier (3). Il était
à peine sorti de captivité, et commençait à goûter
un peu de repos, lorsqu'il apprit que le monastère même de Ferrières était l'objet de la convoitise et le but des intrigues de quelques laïques, et,
bientôt après, qu'il avait été donné à un laïque,
Egilbert. La lettre par laquelle il prie le chancelier
Louis de conjurer ce nouveau danger, exprime
vivement l'indignation qu'il ressentait de cette in-
justice : « Venez à mon aide, lui disait-il, vous

(1) Epist. 88.
(2) Epist. 32.
(3) Epist. 91.

qui connaissez et ma fidélité et mes services, et qui
comprenez quelle indignité il y a, je ne dis pas à
me préférer, mais même à me comparer Egilbert (1). »

Cette affaire n'ayant pas eu de suites, Servat-
Loup, pressé par les besoins de son monastère,
écrivit à Charles-le-Chauve pour lui rappeler sa
promesse et lui signaler les fâcheuses conséquences
de l'acte de spoliation qui avait privé les moines
de Ferrières des revenus de la celle de Saint-
Josse. « Depuis trois ans, lui disait-il, les serviteurs de Dieu, qui prient assidûment pour vous, ne
reçoivent plus les vêtements qui leur étaient dis-
tribués, suivant l'usage, et ceux que la nécessité
les oblige de porter sont usés et pour la plupart
raccommodés. Ils vivent de légumes achetés, et ils
n'obtiennent que bien rarement du poisson et du
fromage ; leurs serviteurs ne reçoivent pas les vêtements qui leur sont dus : tout cela nous était
fourni par la celle de Saint-Josse : les soins que
l'on y donnait aux voyageurs d'outre-mer et aux
pauvres, ont cessé : le service de Dieu y est négligé : que Dieu ne vous en rende pas responsable ! outre la détresse commune et les soucis qui

(1) Epist. 92.

tiennent à ma charge, un poids accablant de honte retombe sur moi. En effet, ce que les autres abbés ont obtenu de la munificence impériale pour l'affermissement de notre communauté, moi, comme si j'étais le plus vil et le plus inutile de tous, je l'ai perdu; cependant j'ai l'espoir de le recouvrer par mon dévouement, puisque, Dieu m'en est témoin, je ne me suis pas conduit envers vous de manière à mériter de faire cette perte; d'ailleurs, vous m'avez fait une promesse à laquelle vous ne pouvez pas manquer. Je vous prie donc de ne pas tarder davantage à faire droit à nos légitimes réclamations; daignez pourvoir immédiatement à vos intérêts et aux nôtres, pour que Dieu vous soit favorable, et que nous-mêmes, les plus humbles de vos serviteurs, nous ayons plus de zèle à le prier en tout temps pour vous (1). » Les démarches de l'abbé de Ferrières étaient alors secondées par les protestations de l'épiscopat contre l'envahissement des propriétés de l'Eglise. Le concile de Thionville, de l'an 844, qui se tint en présence de Lothaire, de Louis-le-Germanique et de Charles-le-Chauve, invita ces trois princes à rétablir les monastères dans leurs biens; deux

(1) Epist. 71.

mois plus tard, le synode de Verneuil adressait à
Charles-le-Chauve et aux seigneurs, qui avaient
usurpé des biens ecclésiastiques, une admonition
pleine de reproches et de menaces. Mais la volonté du roi était enchaînée par les difficultés de
sa situation. Faire droit aux réclamations des
évêques, c'était mécontenter les seigneurs; or,
l'état de la Gaule rendait leur concours de plus en
plus nécessaire à la royauté : au midi, les Aquitains soutenaient les prétentions de Pépin à l'héritage de son père ; à l'ouest, le duc des Bretons,
Noménoé, inquiétait sans cesse la Marche Neus-
trienne : et tout le littoral de l'embouchure de la
Garonne à celle de l'Escaut était en proie aux dévastations des Normands. Au commencement de
l'année 845, une flottille, composée de cent vingt
navires et commandée par le fameux roi de mer,
Ragnar, remonta la Seine et assiégea Paris : Charles-le-Chauve, mal secondé par les seigneurs,
acheta, moyennant sept mille livres, la retraite
des pirates (1). Sous le coup de cette humiliation,
et pressé par l'archevêque de Reims, Hincmar,
il promit, dans l'église du monastère de Saint-
Denys, de restituer au clergé les biens dont on

(1) *Annal. ordin. Benedict.*, t. II, p. 657.

l'avait dépouillé (1). Cette promesse solennelle et les preuves de dévouement que l'abbé de Ferrières donna à Charles-le-Chauve, en lui envoyant des présents et une lettre de condoléance, après la défaite que ce prince essuya la même année en Bretagne, semblaient garantir le succès de nouvelles démarches. Par l'entremise du chancelier Louis, qui dut mettre sous les yeux du roi le tableau de la détresse toujours croissante des moines de Ferrières, Servat-Loup sollicita la prompte restitution de la Celle de Saint-Josse. Son attente ayant été trompée, il eut recours au crédit déjà tout puissant de l'archevêque de Reims, Hincmar. Sa lettre à ce prélat trahit tout à la fois et l'indignation et le découragement que lui causaient tant d'efforts inutiles. « Accablé sous le poids des besoins, lui disait-il, je songe parfois à me démettre des fonctions où j'ai été appelé par le suffrage de mes frères ; ce qui m'en détourne, c'est la fatale avidité des laïques et la crainte d'être accusé de lâcheté, si j'abandonnais mes frères dans un si pressant besoin. Après avoir servi le roi selon mes forces et au-delà même de mes forces, quand je prie toujours pour lui avec ardeur, non-seule-

(1) Epist. 52, 42.

ment je n'ai rien obtenu pour accroître les mo-
destes ressources de notre monastère, mais encore
j'ai subi la honte de voir donner à un laïque la
meilleure partie de ses biens, non à gouverner,
mais à bouleverser. » Les seigneurs foulaient outre
mesure les propriétés ecclésiastiques qu'ils avaient
envahies ou qu'ils avaient arrachées à la faiblesse
du roi : déjà l'abbé de Ferrières avait été obligé
d'employer l'intervention de l'abbé de Saint-Martin de Tours, Hugon, pour réprimer la rapacité
du comte Odulph (1). Examinant ensuite les titres
de ce seigneur à la faveur de Charles-le-Chauve,
il ajoutait : « Quels si grands services ce laïque lui
a-t-il rendus? a-t-il soumis à ses lois quelque
nation barbare ou apaisé les discordes de l'empire? Si le roi se fût acquitté envers Dieu pleinement et sans acception de personnes, de la
promesse par laquelle il s'était lié sous votre inspiration, je crois, dans l'église de Saint-Denys,
ou plutôt, s'il avait commencé par s'en tenir aux
décisions qui avaient été rendues dans le concile
de Verneuil, il règnerait déjà en paix (2). » Cette
opinion était partagée par tout le clergé; et l'abbé

(1) Epist. 88.
(2) Epist. 44.

de Ferrières, en conseillant à ses protecteurs
d'employer l'autorité de la religion pour vaincre
les hésitations de Charles-le-Chauve, ne fait que
suivre l'exemple donné par l'épiscopat (1). Au concile de Meaux, qui se tint l'an 846, les évêques
publièrent des canons, par lesquels ils excommu-
niaient les injustes détenteurs des terres ecclésiastiques et les usufruitiers des précaires, qui ne
payaient pas la dîme et la neûme aux églises pro-
priétaires. Mais les seigneurs, dans un plaid où
les évêques ne furent point appelés, choisirent
parmi les canons de ce concile ceux qui leur con-
venaient, et signifièrent aux évêques que ni le roi
ni eux n'observeraient les autres. « Jamais, dans
les temps chrétiens, dit l'annaliste de Saint-Ber-
tin, on n'avait montré si peu de respect pour la
dignité épiscopale (2). »

Les seigneurs avaient évidemment, dans cette
circonstance, imposé leur volonté à Charles-le-
Chauve. L'abbé de Ferrières soupçonnait avec
raison que le véritable motif qui empêchait le roi
de se rendre aux vœux du clergé était la crainte

(1) D. Bouquet, *Recueil des historiens des Gaules et de la France*,
t. VII, p. 64.

(2) Sirmond, t. III, p. 63, *Capitula excerpta in villa Sparnaco.*

que lui inspirait la féodalité ; mais, lorsqu'il semble
croire que Charles-le-Chauve, aidé des conseils de
l'archevêque de Reims, pourrait lui-même décider
les seigneurs par des considérations religieuses à
restituer les biens de l'Eglise qu'il leur avait dis-
tribués (1), il tombe dans une étrange illusion,
surtout après ce qui s'était passé au plaid d'Eper-
nay ; et, lorsqu'il écrit au roi : « Dieu sait quelle
puissance il vous a donnée ; ne tremblez pas là où
il n'y a rien à craindre (2), » il n'a pas une idée
bien nette de la situation dans laquelle se trouvait
la royauté ou, dans l'intérêt de sa demande,
il flatte le pouvoir en lui supposant une force
qu'il n'a pas. Placé entre les réclamations des
évêques et les menaces des seigneurs, Charles-le-
Chauve faisait aux uns des promesses qui ne bles-
saient pas les autres, parce qu'ils savaient qu'il
n'agirait pas sans leur consentement. Les événements, dont une partie de la Gaule était alors le
théâtre, fournirent au roi un prétexte spécieux
pour ajourner encore les espérances de l'abbé de
Ferrières ; un certain nombre de Bretons aban-
donnait la cause de Noménoé ; les Aquitains se

(1) Epist. 44.
(2) Epist. 45.

séparaient de Pépin, et les Normands venaient de
faire une descente entre Saintes et Bordeaux et
de tuer le duc des Vascons, Siguin (1). Ne fallait-
il pas ménager les seigneurs, dont le concours était
nécessaire pour repousser les pirates et pour réduire deux provinces jusqu'alors insoumises ?
Mais, Servat-Loup, qui était obligé de solliciter
des secours auprès de l'archevêque de Reims pour
nourrir les moines de Ferrières (2), écrivit à Charles-le-Chauve cette lettre, monument précieux de
la foi naïve du temps et de l'ascendant que le
clergé cherchait à prendre sur les consciences dans
les choses de l'ordre temporel : « Grand roi !
quoique, jusqu'ici, ni mon silence, ni mes paroles, ni mes lettres, n'aient rien obtenu, cependant, je n'ose point rester en repos, parce que la
cause que je plaide est celle de Dieu. Au nom de
votre salut et de votre bonheur, je vous supplie de
vous tirer vous-même du danger où vous êtes, et,
suivant vos fréquentes promesses, de me soulager d'un très-rude labeur, moi le plus dévoué de
vos serviteurs. Ce que votre père, d'heureuse mémoire, sur les instances de votre glorieuse mère,

(1) Epist. 51.
(2) Epist. 49.

a donné pour la rédemption de leurs âmes aux
pèlerins et aux serviteurs de Dieu, les moines de
Ferrières, qui depuis quatre ans éprouvent toutes
sortes de privations, le réclament par mon intermédiaire, puisqu'ils ne peuvent se présenter tous
ensemble. Ils disent qu'il est injuste que vous leur
fassiez endurer la faim et le froid, quand ils sont
obligés de prier assidûment pour votre salut dans
ce monde et dans l'autre: ils ajoutent que vous
n'obtiendrez jamais le bonheur que vous désirez,
si vous ne regagnez l'amitié de notre petit Pierre
(ces mots d'une tendresse familière s'appliquent
au prince des apôtres, sous l'invocation duquel
était placé le monastère de Ferrières), et gardez-
vous de croire que ceci soit un jeu : nos vieillards
affirment sérieusement qu'ils ont appris par leur
propre expérience, et que dans leur enfance ils
ont entendu dire aux plus âgés, que tous ceux qui
ont causé un grave préjudice au monastère et ne
l'ont pas promptement réparé, ont encouru une
grande disgrâce ou perdu la santé et même la vie.
Ne compromettez pas votre bonheur ni en cela ni
en rien de semblable : prenez en considération la
détresse des serviteurs de Dieu : ne mettez pas en
péril votre salut : acquittez-vous envers Dieu,
pendant que vous le pouvez, de toutes vos pro-

messes. Chaque jour, vous approchez, à grands
pas, avec nous, de son redoutable tribunal, où
chacun sera traité, suivant ses mérites, sans égard
ni pour la dignité ni pour la personne. La durée
de cette vie est courte et incertaine : la mort em-
porte, tous les jours, des hommes plus jeunes que
vous. Dieu lui-même fait cette promesse et cette
menace : Je glorifierai celui qui me glorifie : mais
ceux qui me méprisent seront voués à l'ignominie.
Vous avez atteint l'âge mûr, ne craignez pas pour
affermir votre trône de rendre justice (1). Seigneur, mon roi, rappelle-toi ma première exhortation ; considère que tu es père et que tu éprouves
encore de grandes difficultés. Conduis-toi donc
envers tout le monde de telle sorte que les gens
de bien désirent et souhaitent de te voir heureux
et prospère comme aïeul, et après cette vie, en
possession de la céleste patrie (2). »

Charles-le-Chauve ne s'offensa point de la liberté
de ce langage ; il estimait les lumières et le caractère de l'abbé de Ferrières ; il l'invita, l'année sui-
vante (847), à l'accompagner au congrès de Marsna,

(1) Pour donner plus d'autorité à ses dernières paroles, Loup
change de nombre.
(2) Epist. 85.

où il devait s'entendre avec ses deux frères, Lothaire et Louis-le-Germanique, pour rétablir entre
eux la paix et la concorde, et pour trouver un re-
mède aux désordres et aux maux qui affligeaient
l'empire carlovingien (1). Servat-Loup accepta,
dans l'espoir que ce voyage pourrait contribuer
au succès de sa demande (2). L'argent lui manque,
il écrit des lettres pressantes à ses amis et à ses
protecteurs (3). Avec les secours qu'il reçoit de
l'archevêque de Reims, il pourvoit aux besoins
des moines de Ferrières, pendant son absence; il
pourvoit aussi à leur tranquillité, par des instructions et des mesures pleines de sagesse et de fermeté. Il y a des moines chancelants, il les rassure;
il y a des empiètements à craindre de la part de
l'envahisseur, il anime la communauté de son
énergie, et l'exhorte à résister, dans les limites de
la loi, à tout acte de violence (4). Pendant quatre
mois, l'abbé de Ferrières ne quitta pas un seul
jour le cortége royal (5). Le résultat de ce voyage
ne répondit pas à son attente. A son retour, il

(1) Epist. 50.
(2) Epist. 59.
(3) Epist. 50.
(4) Epist. 51.
(5) Epist. 59.

écrivit à l'abbé de Prum, Marcward : « L'abondance
des promesses nous fait concevoir , chaque jour,
de nouvelles espérances ; mais la fin de cette affaire, comme de toutes choses, est incertaine (1). »
Charles-le-Chauve, prétextant l'absence du comte
Odulph, que l'on disait malade, ajourna encore
la restitution de la Celle de Saint-Josse (2). L'abbé
de Ferrières avait épuisé le crédit des protecteurs
qu'il avait au palais. Son parent Marcward jouissait de la confiance de Charles-le-Chauve. Ce
prince ayant laissé entrevoir qu'il ferait beaucoup
pour l'abbé de Prum, s'il venait au palais, Servat-
Loup, au nom de l'amitié qui les unissait, et de
l'attachement qu'il avait dû conserver pour le monastère de Ferrières, où il avait passé sa jeunesse,
pressa vivement Marcward de se rendre au désir
du roi : « Lié par toutes les promesses qu'il a
faites, lui écrivait-il, il manquera de prétexte pour
en différer l'exécution (3). » Il ne paraît pas que
l'intervention de l'abbé de Prum ait eu le succès
qu'espérait l'abbé de Ferrières ; car il s'écoula encore un an, avant que son monastère rentrât en

(1) Epist. 60.
(2) Epist. 55.
(3) Epist. 55.

possession de la Celle de Saint-Josse (1). Charles-
le-Chauve pourvut-il le comte Odulph d'un autre
bénéfice? ou la mort de ce seigneur affranchit-
elle le roi de cette obligation? La correspondance
de Servat-Loup ne donne aucun renseignement
sur les derniers incidents de cette longue et labo-
rieuse négociation. L'acte de spoliation commis au
préjudice des moines de Ferrières n'était pas un
fait isolé. Les Capitulaires de Charles-le-Chauve
et les autres monuments de cette époque prouvent
qu'un grand nombre de monastères furent alors
dépouillés de leurs biens. Lorsqu'on voit Servat-
Loup, qui avait la faveur du roi et la protection de
hauts personnages, n'obtenir justice qu'après six
ans de démarches et de sollicitations, on est en
droit de supposer que ces biens restaient presque
toujours entre les mains des envahisseurs. C'était
ce même esprit de convoitise qui, dans le même
temps, poussait les clercs du palais à se faire donner les biens, et les évêques à usurper la juridiction temporelle des monastères.

II. — Les clercs attachés à la chapelle du palais
formaient comme un corps à part dans la société
ecclésiastique. Vivant auprès du roi, ils prenaient

(1) Epist. 61.

des habitudes de luxe, et cherchaient à acquérir des richesses pour satisfaire leurs goûts et parvenir aux plus hautes dignités de l'Eglise. Leurs rapports fréquents avec les officiers du palais, et la facilité qu'ils avaient d'approcher la personne du souverain, leur permettaient de solliciter et d'obtenir plus aisément des grâces et des faveurs. Les biens des monastères et les honneurs de l'épiscopat, tel était le but de leur ambition. Louis-le-Débonnaire, malgré la faiblesse de son caractère, avait puisé dans ses sentiments religieux assez de force pour résister à leurs obsessions. « Il avait compris, dit l'abbé de Ferrières (1), que le clergé régulier ne pouvait se maintenir qu'autant qu'on le fortifiait, en augmentant ses ressources. » Mais dès les premiers jours de son règne, Charles-le-Chauve avait cédé aux sollicitations des clercs du palais, comme aux menaces des seigneurs. L'alarme s'était aussitôt répandue dans les monastères. L'abbé de Ferrières, Odon (2) écrivait au chancelier Louis : « Le bruit court parmi nous que les clercs du palais, qui ne songent qu'à satisfaire leur avarice par l'oppression des servi-

(1) Epist. 42.
(2) Epist. 24.

teurs de Dieu, convoitent et demandent pour eux
le domaine de diverses abbayes; nous supplions
votre prudence de veiller sur nous, afin que notre
pauvreté n'ait rien à craindre de ce côté. » La
volonté du roi n'étant soumise à aucune con-
trainte dans cette lutte entre le clergé régulier et
les clercs du palais, le succès dépendait unique-
ment du crédit et de l'habileté des solliciteurs;
mais les monastères retrouvaient souvent dans
l'évêque l'avidité qu'ils avaient combattue dans
le clerc du palais.

L'élection des évêques ne se faisait plus comme
au temps de la primitive Eglise, par les suffrages
réunis du peuple et du clergé. Le roi nommait
aux évêchés : son choix fait, il en donnait avis
au métropolitain qui examinait, en présence de
ses suffragants, l'élu pour la doctrine et pour les
mœurs, et lui conférait l'ordination. Le roi choi-
sissait le plus souvent parmi les clercs de sa chapelle. Cette préférence, donnée aux clercs du palais, n'était pas, ce semble, toujours bien vue
du clergé; car Charles-le-Chauve, en demandant
l'ordination pour le clerc Godelsagus, qu'il avait
élevé sur le siége de Châlons, a soin de faire remarquer au métropolitain que ce n'est ni une nou-

veauté, ni un acte de témérité de sa part, s'il prend au palais des clercs pour les mettre à la tête des églises les plus honorables; que ce droit a été accordé à Pépin, par le pape Zacharie, dans l'intérêt même de la religion, afin que l'incapacité des évêques ne fût pas une cause de troubles et de désordres, comme cela était arrivé pour l'église d'Autun (1). Les clercs présentaient, sans doute, plus de garanties de capacité; mais leur séjour au palais les préparait mal à la pratique des vertus épiscopales. La cupidité et l'ignorance, voilà les deux défauts que l'auteur de la vie de saint Maximin reproche aux évêques de ce temps. « Plût à Dieu, dit-il, que les hommes de nos jours voulussent avoir les yeux sur saint Maximin et suivre son exemple! (Saint Maximin avait refusé pendant longtemps les honneurs de l'épiscopat). On ne verrait pas des hommes esclaves de leurs passions, et complétement étrangers à la science des célestes oracles, acheter à prix d'argent les dignités ecclésiastiques, qui ne conviennent qu'au savoir et à la sainteté, et se charger d'un fardeau qui doit les accabler.... O temps dégénérés! les ressorts de

(1) Epist. 81.

l'ancienne discipline sont déjà presque tous relâ-
chés; on fait plus de cas des richesses que de la
justice (1). »

Les évêques étaient alors d'autant plus portés à
profiter des circonstances pour s'emparer des biens
du clergé régulier, qu'ils cherchaient depuis longtemps à les confondre avec la masse des propriétés de l'Eglise. Pour échapper à cette espèce de
spoliation, les monastères se plaçaient sous la protection du roi, qui leur délivrait des chartes de
priviléges ou de liberté. Ces chartes garantissaient
aux monastères le droit de nommer leur abbé et
d'administrer leurs biens, et sans gêner en rien
la juridiction de l'évêque pour ce qui touchait au
spirituel, elles mettaient le temporel sous la surveillance du roi (2). Des missi choisis parmi les
évêques et les abbés visitaient ces monastères. Ils
faisaient leur rapport dans l'assemblée générale,
et le roi prenait les mesures qu'il jugeait nécessaires pour la réforme des abus (3). Les chartes
de liberté n'assuraient aux monastères qu'une
indépendance tout-à-fait précaire; car le roi pou-

(1) *Patrologia*, t. CXIX. *Vita sancti Maximini*, c. 1.
(2) Baluze, not. d. Epist. Lupi 12.
(3) Epist. 63.

vait les révoquer à son gré. Ainsi l'abbaye de
Sainte-Colombe, qui avait des chartes scellées par
des évêques, des rois et des empereurs, perdit et
recouvra deux fois sa liberté pendant le règne de
Charles-le-Chauve, et finit par tomber sous l'autorité des archevêques de Sens (1). Les évêques
ne se bornaient pas à surprendre à la faiblesse du
roi la révocation des chartes de liberté ; ils fabriquaient de faux titres ; ils employaient même la
force pour s'emparer de l'administration des monastères.

Le sort des communautés qui avaient perdu
leur indépendance, explique l'empressement du
clergé régulier à se mettre sous la protection du
roi. Servat-Loup, dont la plume était toujours
prête à défendre les monastères contre leurs op-
presseurs, quel que fût leur rang ou leur puissance, écrivait à l'évêque d'Auxerre, Héribold :
« Un de vos moines, nommé Jean, se trouve, en
ce moment, dans notre couvent ; il y a été appelé
pour quelque affaire pressante, par un frère de
notre communauté ; je l'ai retenu parce qu'il nous
est utile, et que son monastère, comme nous
l'avons appris, est en proie à la misère. Sur le

(1) Epist, 12.

bruit que vous avez ordonné d'y réunir les moinés
de toutes parts, j'adresse cette lettre à votre grandeur pour vous prier de me laisser ce moine, pendant quelque temps, et pour vous conjurer, autant
que cela m'est permis, de venir en aide à ce monastère, suivant la bonté naturelle de votre cœur, et
avec tout l'empressement que commande le devoir,
autrement la détresse de nos frères, non-seulement nuirait à votre considération, mais encore
provoquerait la colère de Dieu, dont le jugement
se rapproche chaque jour de nous, et hâterait le
moment infaillible de sa vengeance. Votre prudence n'a pas besoin qu'on lui rappelle avec quelle
précaution il faut traiter les affaires de l'Eglise et
le gouvernement des âmes. Songez à ces frères et
à vous-même, afin que Dieu soit glorifié dans leur
soulagement et dans votre bonté (1). » En général,
les évêques détournaient à leur profit les revenus
des monastères qui étaient devenus leur propriété,
et laissaient les moines dans l'indigence; c'est ce
qui faisait dire au pape Nicolas I, dans la lettre
qu'il adressait aux prélats et aux seigneurs de la
Gaule, pour leur annoncer qu'il avait pris les
moines de Saint-Calais-du-Désert sous la protec-

(1) Epist. 49.

4

tion du Saint-Siége : « Chose pénible à dire ! les
biens du Christ, la demeure des serviteurs de Dieu
que les puissants de la terre avaient déclarés libres,
les évêques s'efforcent de les réduire en servitude,
non pour l'avantage des âmes, mais pour le faste
du pouvoir et les profits de la cupidité (1). »

Les monastères qui jouissaient de l'indépendance n'étaient pas complétement garantis par
leurs priviléges contre l'avidité des évêques. L'é-
vêque exigeait des présents ou de l'argent de ces
monastères, toutes les fois qu'ils avaient besoin de
son ministère ; par exemple, pour la bénédiction
d'une église ou d'un autel, l'ordination d'un prêtre ou de l'abbé, ou la consécration du saint-
chrême. Dans ses visites, il mettait à leur charge
ses dépenses et celles de sa suite : quelquefois ses
agents abusaient de son autorité pour commettre
sur les terres des monastères de véritables actes de
déprédation. Ainsi, l'abbé de Ferrières était obligé
de recourir à la protection de Charles-le-Chauve
contre la rapacité d'un ancien clerc du palais,
Agius, qui se servait du nom de l'évêque Jonas,
son parent, pour piller et dévaster les petites
fermes que le monastère de Ferrières possédait

(1) *Patrologia*, t. CXIX, p. 846. — *Epist. Nicolaï papæ.*

dans le diocèse d'Orléans; et quoique Servat-
Loup eût fait preuve de beaucoup de longanimité,
et que, par considération pour l'évêque d'Orléans,
il eût retiré sa plainte, il encourait le blâme de ce
prélat, comme si en dénonçant les torts d'Agius,
il eût porté atteinte à la dignité de son caractère (1).

III. — La royauté, tout en protégeant le clergé
régulier contre l'ambition des évêques, pesait elle-
même lourdement sur les monastères, qui lui devaient le service militaire. Les prédécesseurs de
Charles-le-Chauve n'avaient pas toujours usé de
leurs droits : mais ce prince, soit pour subvenir aux
nécessités d'une lutte sans relâche avec les Aquitains,
les Bretons et les Normands, soit pour suppléer au
mauvais vouloir des seigneurs, avait étendu l'obligation du service militaire à des monastères qui

_____

(1) Epjst. 21, ad Jonam. — Moleste vos tulisse mearum litterarum
sententiam non mediocriter mirari soleo; cum si ea paulo diligentius
consideretur, non modo dignitati vestræ nihil derogaverit, verum
etiam detulerit plurimum quando id quod nos magna cogebat facere
necessitas, ut vestra pace posset fieri exoravit..... Hinc fuit, quod
propinqui vestri Agii vobis exposui, quæ à multis culparetur, immo-
dicam rapacitatem..... Ut vere vobis confitear, quod cupio vos epis-
copaliter accipere, in urbe vestra et in villulis quas extrinsecus habea-
mus, nec tantum quidem nobis relictum est, unde familia viveret,
agrique fenus acciperet.

en avaient été exempts jusque-là (1). Ce service,
alors très-onéreux, parce que les hommes devaient s'équiper et s'entretenir à leurs frais (2),
devenait, comme on le voit par plusieurs lettres
de l'abbé de Ferrières (3), une charge accablante
lorsqu'il était trop souvent exigé. « Voici bientôt
deux ans, écrivait-il au chancelier Louis, que nos
hommes seuls ou avec nous, supportent les fatigues d'une expédition générale : ils ont dépensé
à cette obligation tout leur patrimoine : aussi suc-
combent-ils sous le poids de la misère. Venez à
leur aide, en leur faisant obtenir la permission de
rentrer dans leurs foyers, pour qu'ils puissent res-
pirer un peu et faire les préparatifs d'une nouvelle
campagne (4). Quatre ans plus tard, Servat-Loup
adressait à son protecteur une nouvelle requête;
après lui avoir dépeint sous les plus sombres cou-
leurs la détresse de son monastère, qu'il attribue
aux exigences du service militaire, à une disette
extraordinaire et à la perte de la Celle de Saint-
Josse, il ajoutait : « J'ai tout perdu, comme vous
le savez, dans la guerre d'Aquitaine ; la mission

(1) Epist. 52.
(2) Epist. 113.
(3) Epist. 25, 32, 113, 114.
(4) Epist. 25.

que j'ai remplie en Bourgogne, l'année précé-
dente, m'a coûté dix chevaux. Je vous ai dit quelle
misère nous accable; je veux encore, s'il plaît à
Dieu, enseigner ce que je sais et ce que je ne
cesse d'apprendre; soumettez, je vous en prie,
ces considérations au roi, moins la dernière, qui
pourrait être jugée étrangère à l'intérêt public,
quoiqu'elle soit la plus sérieuse de toutes. A
moins de dépouiller quelque autel ou d'imposer à
nos frères un régime intolérable, je n'ai pas de
quoi rester dix jours à son service, jusqu'à ce que
la nouvelle récolte m'en ait fourni les moyens.
Néanmoins, je renonce, si vous y voyez du danger, à solliciter du repos pour mes hommes, quoique vous sachiez par vous-même combien il leur
est nécessaire (1). » Sans aucun doute, les exigences du service militaire étaient pour les monastères une cause de gêne et de détresse : mais
cela suffit-il pour justifier la vivacité des réclamations de l'abbé de Ferrières; tant que la royauté
avait été forte et obéie, les hommes libres et les
seigneurs avaient prêté leur concours pour com-
primer les troubles du dedans et repousser les attaques du dehors, et le clergé régulier avait vu

(1) Epist. 32.

croître, dans le repos, sa prospérité matérielle ;
des circonstances difficiles étant survenues pour
la royauté, elle usait de son droit, en réclamant
aux monastères un service stipulé dans les chartes
de concession : il était de l'intérêt du clergé régulier de faire les plus grands sacrifices, car le roi
était son seul appui contre l'épiscopat et la féodalité ; mais les souffrances du moment l'empor-
taient sur les craintes que pouvait inspirer l'avenir, et les plaintes éclataient. Cependant, chaque
fois que Loup réclame une exemption du service
militaire, il a soin de recommander au chancelier
Louis de ne donner suite à sa demande qu'autant
qu'elle ne le compromettra point auprès du roi :
c'est que les défections et les changements de parti
devenant très-fréquents, la négligence et la tiédeur
dans l'accomplissement d'un devoir aussi essentiel
que le service militaire, pouvaient être mal inter-
prétées. Charles-le-Chauve était indulgent et même
faible avec les seigneurs et les évêques, tandis qu'il
se montrait exigeant et sévère pour le clergé régulier, qui, n'ayant ni la puissance des uns ni la
haute position des autres, se trouvait à peu près
livré à sa merci. Cette dépendance inspirait de
telles craintes à l'abbé de Ferrières, qu'il écrivait
aux moines de Saint-Amand : « Je pense que vous

devez vous soumettre à l'ordre qui vous appelle à
l'assemblée de Bonneuil, car il y a du danger,
surtout dans ce temps, à résister aux sacrés édits
du roi (1). » Il y a plus, si par oubli ou tout autre
motif il ne recevait pas de lettres de convocation
pour l'assemblée annuelle, il s'alarmait et char-
geait ses protecteurs de justifier son absence (2).
Outre le service militaire et les dons annuels,
quelques monastères étaient encore soumis à l'o-
bligation de nourrir les étrangers qui leur étaient
envoyés par le roi: c'est du moins ce qui semble
résulter de cette lettre que le prédécesseur de
Servat-Loup adressait au chancelier Louis : « Vous
vous rappelez, lui disait-il, qu'on nous a confié,
cette année, l'abbé Zacharie, quoique votre prudence, qni ne cesse de nous protéger, eût presque
obtenu qu'il fût recommandé à d'autres. Maintenant, cet abbé va trouver le roi pour lui demander quel parti il doit prendre. Que votre habileté
daigne, en considération de notre faiblesse, faire
en sorte qu'il retourne au monastère d'où il nous

(1) Epist. 18.
(2) Epist. 78. — Sacris Domini regis non sum evocatus. Propterea
ad conventum non veni. Litterarum ipsarum exemplar dirigendum
curavi, ut si forte de me mentio inciderit, juste me remansisse pos-
sitis ostendere.

est venu, ou qu'il soit envoyé ailleurs. Car pour
vous dire franchement la vérité, l'entretien des
gens de sa suite est pour nous un pesant fardeau :
nous demandons à en être délivré, pour que nous
puissions accorder l'hospitalité aux autres étrangers qui affluent chez nous (1). »

Lorsque les moines réclamaient contre la spoliation de leurs biens et contre des charges oné-
reuses qui épuisaient leurs ressources, ils ne son-
geaient point, comme le dit l'abbé de Ferrières, à
entasser l'argent et l'or, mais à s'assurer les choses
les plus essentielles à la vie, la nourriture et le
vêtement, et surtout les moyens de remplir les intentions de ceux qui avaient fondé ou enrichi leur
monastère, tels que l'hospitalité envers les étrangers, le rachat des captifs et le soulagement des
malheureux (2). Or, jamais les secours de la charité n'avaient été plus nécessaires. Les monuments
de l'époque signalent à de courts intervalles des
disettes affreuses (3) pendant lesquelles des pères
affamés aliénaient leur propre liberté avec celle de

(1) Epist. 23.

(2) Epist. 44. — Sirmond, *Concilia antiqua Galliæ*, t. III, p. 17,
Concilium Vernense II, c. 12.

(3) Duchesne, *Historiæ Francorum scriptores*, t. II, p. 556-567.
— Epist. Lupi 44.

leurs femmes et de leurs enfants, pour échapper
à la mort (1) : ils nous représentent les habitants
des campagnes ruinés par le passage incessant des
hommes qui se rendaient aux plaids et à l'ar-
mée (2), ou bien poussés des extrémités de la
Gaule vers le centre par les calamités de la guerre
qui se faisait sur les marches de l'Aquitaine et de
la Bretagne, et par les courses dévastatrices des
Normands (3). La foule des malheureux allait frapper aux portes des monastères : comme elle ignorait les causes de la misère réelle, qui ne permet-
tait pas à beaucoup de communautés de venir à
son secours, elle s'irritait et faisait entendre des
plaintes et des murmures (4).

Cette détresse, qui frappait le clergé régulier
d'impuissance en face de la misère, ne nuisait pas
seulement à sa considération, elle compromettait
aussi la tranquillité et le bon ordre de l'Etat (5).
En effet, la faim poussait au vol, et comme dans
tous les rangs de la société la force tendait à se

(1) D. Bouquet, t. VII, *Edictum Pistense*, cap. 34, p. 665.
(2) D. Bouquet, t. VII, *Epist. Hincmari ad Carolum Calvum*,
p. 523.
(3) Duchesne, t. II, *Conventus apud Attiniacum*, cap. 6, p. 421.
(4) Epist. 44.
(5) Epist. 52.

substituer au droit, les mauvais instincts, à l'exemple de la misère, prenaient peu à peu l'habitude de la violence. Les attentats contre les personnes et les propriétés devinrent si communs, qu'ils cessèrent d'être regardés comme un crime (1). Les voyageurs ne trouvaient de sûreté que dans leur nombre et leur courage (2); ni l'habit religieux ni la dignité du sacerdoce n'étaient des gages de sécurité : Servat-Loup était obligé de faire escorter par des soldats un prêtre qu'il envoyait de Ferrières à l'archevêque de Sens. « L'iniquité déborde, écrivait-il à ce prélat : beaucoup se réjouissent de mal faire et triomphent dans le crime. L'état est ruiné par nos fautes : la folie des méchants grandit impunément, car la crainte des lois n'existe plus (3). » L'impunité dont jouissaient les coupables, faisait accuser Charles-le-Chauve d'indifférence; on allait jusqu'à lui prêter ces étranges paroles : « Je ne veux pas me mêler des rapines et des vols : que chacun défende son bien comme il pourra (4). » Les Capitulaires de ce

(1) DUCHESNE, t. II, *Conventus apud Coloniam*, an. 843, cap. 6.
(2) Epist. 104.
(3) Epist. 29.
(4) D. BOUQUET, t. VII, p. 524. — Per plurimorum ora vulgatur vos dicere, quoniam de istis deprædationibus nihil vos debeatis mis-

prince attestent au contraire qu'il cherchait par
tous les moyens à réprimer le mal : mais les coupables étaient assez forts pour braver la loi ; beaucoup appartenaient à la classe des seigneurs ; quelques-uns entouraient la personne du roi, et ceux
qui sortaient des rangs obscurs de la société,
avaient de puissants protecteurs. Un des hommes
du monastère de Saint-Martin de Tours qui s'é-
tait associé à une bande de malfaiteurs, ayant été
tué sur les terres de l'abbaye de Ferrières, Servat-
Loup eut beaucoup de peine à apaiser l'abbé Hugon dont le ressentiment était à craindre, car il
tenait par les liens du sang à la famille carlovingienne (1) ; et pourtant un Capitulaire assurait l'impunité à celui qui tuait un voleur pris en flagrant
délit (2) ; mais les comtes, qui étaient chargés de
veiller à l'exécution des Capitulaires, ou se laissaient entraîner par la contagion de l'exemple,
ou fermaient les yeux sur un désordre qu'ils n'a-
vaient pas la force de réprimer (3). Les progrès du

culare; unusquisque sua defendat ut potest. *Epist. Hincmari ad Carolum Calvum.*

(1) Epist. 87.

(2) D. Bouquet, t. VII, *Placitum generale apud Carisiacum*,
capit. 2, p. 685.

(3) Sirmond, t. III, *Concilium Pontigonense*, cap. 13, p. 454-458.

mal avaient pour cause moins l'imprévoyance de la loi que la faiblesse du pouvoir.

L'esprit de désordre, qui minait la société civile, se faisait sentir jusque dans l'intérieur des couvents. Les monastères de Corbie et de Ferrières étaient renommés dans toute la Gaule pour le savoir et la sainteté ; à l'époque même où ces deux communautés vivaient sous la discipline de Servat-Loup et de Ratbert, un des hommes les plus éclairés du temps, on les voit agités par des dissensions intestines ; il y a des murmures, des cabales, des séditions : l'autorité des abbés est contestée ; on cherche à les dépouiller de leur dignité. « N'hésitez pas, écrivait Servat-Loup à l'un de ses parents qui avait pris l'habit monastique dans l'abbaye de Ferrières, n'hésitez pas, vous et ceux que vous jugez fidèles, à détruire les calomnies de l'homme qui a l'étrange impudence de profiter de mes bienfaits, puisqu'il réside dans le monastère, et de déchirer sans relâche son bienfaiteur : couvert d'ignominie et rempli d'envie, il cherche à me chasser ; et comme la victoire qu'il désire lui échappe, il se plaît dans sa folie à semer la calomnie (1). » Ivon, le chef des mécontents dans l'ab-

(1) Epist. 46.

baye de Corbie, était un parent de Servat-Loup ;
après sa fuite ou son expulsion du monastère, il
s'était fait recommander auprès de Charles-le-
Chauve, et avait reçu de ce prince une lettre qui
l'autorisait à rentrer dans son couvent, sans subir
la peine qu'il avait encourue par sa révolte. Mais
Paschase Ratbert exigeait du coupable une entière
soumission. L'abbé de Ferrières termina ce con-
flit, dans lequel les droits de la discipline cou-
raient risque d'être méconnus, en obtenant de
Ratbert l'oubli du passé et de Charles-le-Chauve
la promesse de ne plus couvrir désormais les re-
belles de sa protection (1). Les dissensions intestines de ces deux communautés n'avaient pas
d'autre cause que la fermeté et surtout le zèle in-
fatigable des abbés pour faire observer la règle monastique dans toute sa rigueur. Ailleurs l'agitation
s'explique par la présence d'éléments tout à fait
étrangers à la vie des cloîtres (2). Les monastères
servaient de lieu de pénitence pour les prêtres qui
avaient été condamnés par des sentences ecclésiastiques, et de prison pour de hauts personnages
qui s'étaient gravement compromis et que le sou-

(1) Epist. 56, 57, 58.
(2) Epist. 29.

verain frappait d'une sorte d'incapacité civile en
les obligeant à prendre l'habit monastique. A
l'exemple de ses prédécesseurs, Charles-le-Chauve
fit enfermer dans les couvents de Saint-Médard
de Soissons, de Corbie et de Senlis, ses neveux
Pépin et Charles, qui revendiquaient à main ar-
mée l'Aquitaine comme un bien de leur père, et
ses deux fils, Charles et Carloman, qui troublaient
le royaume par leurs prétentions et leurs intrigues.
Le nombre de ces coupables, confiés à la garde
des monastères, s'accroissait dans les temps de
trouble et de guerre civile. Chez les uns, le repen-
tir et le souci des choses de l'autre vie calmaient
peu à peu les ardeurs de l'ambition, tandis que
les autres, impatients du repos, cherchaient un
aliment à leur besoin d'activité, en semant la discorde dans l'étroite enceinte où ils se trouvaient
enfermés (1).

A l'esprit d'insubordination se joignait, dans
quelques monastères, le relâchement de la disci-

(1) Epist. 57. — Servat-Loup fait probablement allusion à la part
que Carloman avait prise aux troubles du monastère de Corbie, lorsqu'il dit à Ratbert : « Quædam alia comperi tam caute revelanda ut
ea litteris comprehendere tutum non putaverim, tamque necessaria
cognitu, ut quam potestis celerius, præterita qualibet alia utilitate,
mihi ad colloquium occurrere debeatis. »

pline et des mœurs. Servat-Loup écrivait à l'archevêque de Sens Wénilon : « Il ne faut pas vous
étonner, mais compatir comme évêque, lorsque
vous voyez un grand nombre de moines s'écarter
indignement de leur profession (1). » L'autorité
ecclésiastique et le pouvoir essayent de remédier
au mal. Des commissions composées d'évêques
et d'abbés visitent fréquemment les monastères.
Charles-le-Chauve, dans le synode de Soissons,
de l'an 853, recommandait aux missi (2), non-
seulement d'interroger les moines sur leur manière de vivre, mais encore de régler la nourriture, la boisson et l'habillement, et de fixer, d'après
l'étendue et l'importance du monastère, le nombre
des moines qui devaient l'habiter. Sur le rapport
des missi, le roi, après avoir consulté les évêques,
arrêtait les mesures qu'il croyait propres à prévenir le retour des abus. Mais ces louables efforts
du pouvoir pour maintenir la discipline et les
bonnes mœurs, et pour introduire des améliora-
tions dans les couvents, venaient souvent échouer
devant la résistance des moines et même des abbés.

(1) Epist. 29.

(2) D. Bouquet, t. VII, *Synodus apud Suessiones*, capit. 1, 2, 3,
p. 608.

Servat-Loup, chargé d'inspecter les monastères de
la Bourgogne, écrivait à l'évêque de Troyes, Prudence : « Je regarde comme inutile de visiter les
monastères que nous avons déjà vus, puisqu'il ne
s'y est fait aucune réforme, et que dans les cantons d'Orléans et de Sens, dans le vôtre et le
mien, il y a des couvents où nous pouvons employer notre temps. Le roi, instruit par nous de ce
qu'il y a à réformer dans ces monastères, pren-
dra, s'il veut, des mesures pour que sa volonté
ne soit point méprisée dans la personne de ses
délégués. » Servat-Loup ajoutait sur le ton de
l'ironie : « Les honneurs que l'on nous a rendus
et les réformes accomplies montrent quel cas on
a fait de nous, ou plutôt de celui qui nous avait
envoyés (1). » Cet esprit d'insubordination et ce
relâchement dans la discipline et les mœurs, affligeaient profondément l'abbé de Ferrières et lui
faisaient redouter la colère de Dieu. Aussi regar-
dait-il les calamités des invasions scandinaves
comme la juste expiation des désordres du clergé
régulier ; et cependant elles mettaient alors en

---

(1) Epist. 60. — Dans le cours de cette mission, Servat-Loup
était obligé de recourir à la menace de l'exil pour triompher de la
résistance d'un abbé du diocèse d'Autun qui refusait de lui remettre
l'inventaire des biens de son monastère. Epist. 80.

péril non-seulement les propriétés, mais encore l'existence des monastères.

IV. — Les incursions des Danois et des Norvégiens dans la Gaule avaient commencé vers la fin du règne de Louis-le-Débonnaire. Ces hardis pirates ne se contentaient point d'infester les rivages, ils pénétraient au cœur même du pays en remontant les fleuves à quatre-vingts et à cent milles de leur embouchure (1). Les îles leur servaient de stations navales et de camps retranchés (2); ni l'éloignement ni la difficulté des lieux ne mettaient les populations à l'abri de leurs attaques (3). Tout, du reste, concourait à leur livrer la Gaule sans défense. Les ducs chargés de la garde des frontières, ne s'occupaient, dit un contemporain (4), que de leurs querelles particulières, et laissaient déshonorer l'empire par le pillage et l'incendie; les seigneurs, qui formaient avec leurs vassaux, la force militaire de la nation; mettaient peu d'empressement à s'armer, quand il s'agissait de combattre les Normands (5). Il y a plus, les

(1 Epist. 125.
(2) Epist. 125.
(3) Epist. 110.
(4) D. Bouquet, t. VII, *Ex miraculis Maximini*, p. 672.
(5) D. Bouquet, t. VII, *Ex libris miraculorum S. Germani*, p. 546.

marchands, en vendant à l'ennemi des armes et des chevaux, lui facilitaient la dévastation des provinces (1). Le roi, se voyant abandonné des uns et trahi par les autres, achetait, à prix d'or, la retraite des pirates (2), capitulation doublement désastreuse; car les tributs levés pour la rançon du pays ruinaient le peuple et les églises, et provoquaient le retour des envahisseurs.

Les Normands, jusqu'au jour de leur conversion, se montrèrent animés contre les monastères d'une sorte de fureur de destruction. C'était le clergé régulier surtout qui avait propagé les lumières de l'Evangile dans le nord de la Germanie. L'épée des Carlovingiens avait souvent appuyé la parole de ses missionnaires; et de la fondation des églises et des monastères, au milieu des peuplades de cette contrée, datait, pour beaucoup d'entre elles, la perte de la religion et de l'indépendance nationale. Toutes n'avaient pas reçu le baptême : les Saxons, qui s'étaient enfuis chez les Danois et chez les insulaires de la mer Baltique pour échapper à la servitude et à l'apostasie,

1) D. Bouquet, t. VII, *Edictum Pistense*, capit. 25, p. 662.

(2) D. Bouquet, t. VII, *Epist. Hincmari ad Ludovicum Balbum*, p. 550.

avaient dû souffler à ces farouches sectateurs du culte d'Odin la haine qu'ils portaient à la religion chrétienne et à la nation des Francs. Au premier bruit de l'arrivée des pirates, les monastères, qui étaient le plus menacés, envoyaient au loin les reliquaires des saints, les ornements de leur église et le trésor de la communauté; car, pour les couvents bâtis hors l'enceinte des villes, toute résistance était sans espoir de succès. « Si vous connaissiez la situation de notre monastère, écrivait Servat-Loup à l'abbé de Saint-Martin de Tours (1), vous n'auriez pas songé à nous confier votre trésor, je ne dis pas pour longtemps, mais même pour trois jours : quoique l'accès n'en semble pas facile à ces pirates, pour qui, par suite de nos péchés, il n'est rien d'éloigné qui ne soit près, ni rien de si escarpé qui ne soit abordable ; cependant notre monastère est si peu protégé par sa situation, et nous avons si peu d'hommes en état de leur résister, que l'avidité de ces pillards en est encouragée. » A quelque temps de là, une troupe de Danois ayant remonté la Seine jusqu'à Melun, Servat-Loup envoyait les ornements de son église à l'abbaye de Saint-Germain-d'Auxerre, et trans-

(1) Epist. 110.

férait sa communauté dans une métairie de l'évêque de Troyes, son ami. Les communautés qui
n'avaient pas des métairies assez éloignées pour
leur servir de refuge, et qui ne trouvaient pas,
au moment du péril, un asile hospitalier, se cachaient dans les bois et dans des retraites souter-
raines, ou bien attendaient l'ennemi au milieu
des angoisses de la plus grande frayeur. Au mouvement et à la vie succédaient le silence et la
prière; les travaux étaient arrêtés; les relations
avec le dehors suspendues (1); et les mesures de
prévoyance pour l'entretien des moines et de leurs
serviteurs ajournées (2). Quelquefois, les barbares
se contentaient d'une forte rançon; mais le plus
souvent ils massacraient les moines et pillaient les
monastères; rarement ils faisaient des prisonniers.
C'était par l'incendie que leur cupidité déçue se
vengeait sur les couvents abandonnés. La ruine
des monastères amenait la dispersion des commu-

(1) Epist. 120, ad Arduicum Vesontionem Episcopum. — Suspensi
ad benignissimas promissiones vestras tempus frustra fluere dole-
mus, cum infestationes prædonum non possimus non habere suspectas.

(2) Epist. 112, ad Odonem Abbatem. — Vinum vobis mercandi
curam deposueram, propterea quod desperabatis possibile vobis fu-
turum ad nos destinare, nostrorum discordia et barbarorum impe-
diente audacia.

nautés. La plupart des moines étaient, à la vérité, recueillis par les évêques; mais les autres, profitant du malheur qui les laissait sans asile, pour se soustraire au joug de la discipline, rentraient dans la vie civile, ou erraient mêlés à la foule des colons et des serfs qui fuyaient devant les barbares, et vivaient de rapines, lorsque les secours de la charité leur faisaient défaut (1). Quant aux moines qui, par un bonheur inespéré, retrouvaient debout leur monastère, ils étaient en proie à la misère ; tout ce qu'ils y avaient laissé d'utile et de précieux avait été emporté par les pirates. Servat-Loup, à peine rentré dans son couvent, après le départ des Danois, suppliait l'évêque Folcricus de subvenir pendant un mois à l'entretien des moines de Ferrières. Sa lettre peint assez vivement l'état de crainte dans lequel vivaient les monastères, leurs perplexités à l'approche des barbares et la détresse des communautés qui avaient échappé à la mort. « Je veux, lui disait-il, signaler le don céleste de la grâce dont vous avez été comblé, et faire l'éloge de celui qui a donné pour la condamnation de l'avarice et l'honneur de la charité la plus constante. En effet, les.

(1) SIRMOND, t. III, *Concilium Tullense II*, can. 5, p. 171.

plus cruels d'entre les idolâtres ayant abordé dans
une île de la Seine qui est située au-dessous de
Melun (la ville avait été récemment brûlée par
d'autres pirates), nous regardions, et avec raison,
leur voisinage comme très-dangereux pour nous,
à moins que la miséricorde de Dieu ne vînt à
notre aide. Nous n'osions rester dans notre monastère, et nous ne savions où aller dans notre
affliction et dans nos tribulations. Sur ces entre-
faites, vous êtes venu me voir, parce que j'étais
gravement malade, et nous ayant trouvés en proie
à une profonde terreur, sur-le-champ et sans
aucune hésitation, vous nous avez affranchis de
l'embarras d'une démarche, en nous offrant la terre
d'Oth, votre principal domaine, où nous devions
trouver un abri plus sûr contre le malheur du
temps, sans être tout à fait privés des moyens
d'observer notre règle. Outre cela, avec une bienveillance sans exemple, vous vous êtes montré
prêt à nous accorder l'hospitalité la plus large.
En présence de l'incomparable consolation que
Dieu nous offrait par votre intermédiaire dans
un danger si redoutable et un si grand embarras,
nous avons essayé, comme il était juste, d'en
rendre grâce à Dieu ou au moins à vous; mais
notre esprit succombait à la tâche de trouver des

pensées dignes de la reconnaissance due à un tel
service, et était encore bien plus incapable de les
exprimer. Nous avons donc été saisis d'étonne-
ment et d'admiration, lorsque nous avons vu qu'il
s'était trouvé dans un temps où l'iniquité déborde
de toutes parts, et où la charité d'un grand nombre se refroidit, un homme capable de faire le
sacrifice d'une portion aussi considérable de son
patrimoine pour soulager des malheureux. Vous
avez ouvert votre cœur à des frères qui étaient
dans le besoin, vous avez eu la compassion d'un
évêque pour leur infortune; en un mot, vous avez
rempli tous les devoirs de la charité. Mais, enfin,
notre Dieu, dont la clémence est inépuisable, cou-
vrant de son indulgence nos innombrables et énor-
mes péchés, a mis à néant les menaces des pirates
qui anonçaient tout haut qu'après avoir dévasté
au loin les lieux les plus habités, ils viendraient
saccager notre abbaye et prendre les robes des fai-
néants qui l'habitent. Puisque maintenant ils
sont loin de nous (puissent tous les chrétiens obtenir la même faveur), et que cette fois, nous ne
sommes pas arrachés de notre monastère et forcés
à errer au loin, nous profitons du bienfait qui
nous est accordé, et nous désirons tous que Dieu
vous récompense du service si important que vous.

nous avez rendu, lorsqu'il glorifiera ses élus et
rendra le bien pour le bien (1). » Après quelques
détours qui trahissent son embarras, Servat-Loup
fait à son ami le tableau de la détresse des moines
de Ferrières, et le conjure de leur envoyer les
choses les plus nécessaires à la vie (2). Quand
l'on songe à toutes les calamités qui assaillirent
le clergé régulier pendant près d'un siècle, on se
demande comment il a pu survivre à tant de causes
de ruine.

La chute de la royauté carlovingienne profita
doublement aux monastères ; ils se trouvèrent
d'abord dégagés d'obligations que le malheur des
temps avait rendues ruineuses, et à la place d'un
pouvoir qui n'était plus capable de les défendre,
se substitua, comme protecteur de leurs intérêts,
le Saint-Siége, dont l'ascendant moral et religieux devait mieux que la force matérielle les
mettre à l'abri de l'ambition des seigneurs et de
l'oppression des évêques. Une sorte de découragement, né du spectacle des misères de la société,
et qui disposait les esprits à la retraite et à la prière,

(1) Epist. 125.

(2) Epist. 125. — Comperistis, quanquam locus noster Bethleem,
hoc est domus panis appelletur, panis nos penuriam cito passuros
nisi vestra aliorumque amicorum benignitas suffragetur.

contribua à réparer largement et en peu de temps
les pertes que le clergé régulier avait essuyées,
et à combler les vides que l'épée des pirates du
nord avait faits dans ses rangs. On voit, dans
l'ordre civil, des politiques et des hommes de
guerre rompre les liens qui les attachent au
monde (1), et enrichir les monastères où ils consacrent les derniers moments de leur vie au re--
cueillement et à l'étude ; dans l'ordre religieux,
des prêtres échanger leur existence souvent mal-
heureuse (2), contre la vie paisible des cloîtres ;
des évêques déposer la crosse et l'anneau, et re-
vêtir l'habit monastique pour arriver plus sûre-
ment à la perfection (3). Assurément, ces diverses
circonstances aidèrent le clergé régulier à conjurer la ruine dont ils étaient menacés ; mais c'est
en lui-même qu'il trouva son meilleur et son plus
solide appui. Il fit preuve tout à la fois d'habileté,
de vigueur et de constance ; il combattit l'ambition des seigneurs, en invoquant les droits des
malheureux, et en faisant soutenir l'inviolabilité
des biens de l'Eglise par les évêques (4) qui étaient

(1) Epist. 1.
(2) SIRMOND, t. III, *Concilium Meldense*, can. 49, 57, p. 25.
(3) Epist. 29.
(4) SIRMOND, t. III, *Concilium ad Theodonis villam*, p. 11 ; *Con-*

intéressés à ce qu'aucune atteinte ne fût portée
à ce principe. Il sut garantir son indépendance
contre les prétentions de l'épiscopàt, en se pla-
çant sous la protection de la royauté, et quand
cet appui lui manqua, en recourant au patronage
du Saint-Siége. Quelques-uns de ses chefs, comme
l'abbé de Corbie, Odon, osèrent avec leurs hommes résister aux pirates du nord, et préservèrent
leurs monastères de la dévastation (1). D'autres
enfin, comme Servat-Loup, Paschase Ratbert et
Marcward comprimèrent l'esprit de révolte qui
tendait à envahir les communautés religieuses et
maintinrent la discipline et les bonnes mœurs par
la stricte et rigoureuse observation de la règle.

V. — Tandis que le clergé régulier subissait le
contre-coup de la révolution qui s'opérait dans la
société, l'épiscopat acquérait une importance plus
grande et des prérogatives nouvelles. L'épiscopat
était, à la vérité, plus fortement constitué que les
ordres monastiques : l'usage non interrompu des
synodes et des conciles avait maintenu une étroite
union entre tous ses membres; sa science, son

cilium *Vernense II*, p. 17; *Concilium Meldense*, p. 25; *Concilium
Suessoniense II*, p. 87; *Concilium Suessoniense III*, p. 200 et suiv.

(1) Epist. 111, 112.

caractère et la part qu'il prenait aux affaires, lui
avaient donné de bonne heure un ascendant marqué sur les esprits. Son rôle dans la société avait
surtout grandi depuis l'avénement des Carlovingiens. Pépin-le-Bref l'avait appelé à siéger au
Champ de Mai : Charlemagne s'était aidé de ses
lumières dans tous les travaux de son règne ; et
Louis-le-Débonnaire s'était soumis docilement à
ses arrêts. Par son crédit et ses richesses, l'épiscopat était à peu près l'égal de l'aristocratie ; mais
il l'emportait sur elle par sa science et son habileté. Aussi lorsque, sous Charles-le-Chauve, l'a-
narchie s'introduit dans l'Etat, ceux qu'effraye
l'ambition des seigneurs ou qui se préoccupent,
comme l'abbé de Ferrières, de l'avenir de la société, ne voient d'autre moyen de salut que l'intervention des évêques. « Les mauvaises passions,
écrivait-il à l'archevêque de Sens, Wenilon, se
sont déchaînées, pendant les jours de votre épiscopat, avec une telle liberté, que l'on brave ou-
vertement et sans crainte Dieu, le roi et les évêques. Pourquoi tarder ? qu'attendez-vous ? Ou
Dieu, par votre sagesse et votre autorité, ramènera
le monde dans les voies de l'équité, ou bien le dé-
bordement du mal finira, après d'étranges humi-
liations, par accabler le petit nombre d'hommes

justes qui restent (1). » Charles-le-Chauve lui-
même, en voyant l'impuissance de ses efforts pour
arrêter le mal, invoque le concours et l'appui de
l'Eglise, non-seulement dans l'intérêt de la société,
mais encore dans celui de son propre pouvoir ; et
pour donner à leur intervention plus d'étendue et
d'efficacité, il attribue aux évêques une surveillance générale sur l'administration des comtes,
et les charge de porter à sa connaissance les mé-
faits dont ces chefs pourraient se rendre coupables (2) ; il confère à chacun d'eux, dans les limites de leur diocèse, tous les pouvoirs des envoyés
extraordinaires dans les provinces : il les invite
à frapper de l'arme de l'excommunication les
malfaiteurs qui se mettent au-dessus des lois et
refusent de donner satisfaction (3). L'Eglise se
prête d'autant plus volontiers à remplir le rôle de
protectrice de la royauté, qu'elle voit dans la féodalité naissante un ennemi caché (4). Elle proclame hautement, par la voix des évêques, que
toute puissance vient de Dieu, que quiconque résiste au pouvoir, résiste à l'ordre établi de Dieu ;

(1) Epist. 126.
(2) D. Bouquet, t. VII, *Edictum Pistense*, p. 654.
(3) D. Bouquet, t. VII, *Synodus Carisiacensis*. capit. 1, 2, p. 685.
(4) Epist. 44.

que les souverains participent dans une certaine
mesure de la majesté et de la divinité de celui
dont ils sont les images et les représentants sur la
terre (1). Elle prêche aux grands l'union et la concorde, au peuple le respect des personnes et des
biens. « Revenons, disait l'abbé de Ferrières, dans
une exhortation qu'il avait composée sur la demande de Charles-le-Chauve et qui fut lue dans
les églises de chaque paroisse, revenons aux
mœurs qui ont fait la grandeur et la force de ce
royaume. Plus de factions, plus de conspirations
entre nous, qui invoquons Dieu le Père et à qui
les pontifes répètent : Que la paix soit avec vous.
Renonçons au pillage et au vol, qui sont contraires à l'esprit du christianisme et qui privent les
coupables du royaume de Dieu. C'est à eux que
s'adresse cette parole menaçante de l'Apôtre : Les
ravisseurs ne posséderont pas le royaume céleste.
Par amour et par crainte de Dieu, oublions nos
intérêts particuliers et occupons-nous à l'envi de
l'intérêt général. En travaillaut à donner le repos
aux chrétiens, nous retrouverons la force de ré-

(1) D. Bouquet, t. VII, *Synodus Carisiacensis*, capit. 7, p. 629.
— Epist. Lupi 64.
(2) Sirmond, t. III, *Concilium apud Lauriacum*, p. 8.

sister aux païens, et nous obtiendrons du Tout-
Puissant les délices de la double paix, c'est-à-dire,
de la paix telle qu'elle peut exister ici-bas et de la
paix parfaite , qui sera la récompense des seuls
élus. Que chacun de nous ait présente à l'esprit
cette maxime, de tout temps admise et reconnue
comme vraie par la sagesse humaine : L'union
fait prospérer les établissements les plus faibles ;
la discorde détruit les plus florissants... Prenons
garde, en voulant consolider ou élever encore plus
haut notre fortune , que, par un juste arrêt de
Dieu , la ruine du royaume préparée par nos dissensions, ne nous enveloppe et ne nous mène corps
et âme à notre perte (1). »

L'Eglise ne se borne pas à prêter au roi son concours pour ramener les esprits au respect de l'autorité et de la loi : elle emploie l'arme terrible de
l'excommunication contre les ennemis du dedans
et du dehors. Voici la lettre que le concile de
Paris adressait au duc Noménoé qui avait sous-
trait la Bretagne à la suzeraineté du roi par la
cessation du tribut, et à la juridiction de l'archevêque de Tours par la création d'un siége archié-
piscopal à Dol. « Il y a longtemps que Dieu, dans

(1) Epist. 100.

un dessein caché mais juste, permet que tu sois le chef de ta nation. Pour savoir comment tu as gouverné, on peut s'en rapporter au témoignage de ta conscience, aux plaintes amères des diverses églises, à l'affliction des grands et des petits, des riches et des pauvres, des veuves et des orphelins, que tu as tourmentés par ta damnable ambition et par ton horrible cruauté. Mais comme tu n'as pas renié tout à fait le nom de chrétien, et qu'en qualité de successeur des Apôtres nous devons exhorter les bons à la persévérance, et rappeler au nom de l'autorité divine les pécheurs à la pénitence, nous gémissons profondément sur tes excès, et nous désirons dans notre sollicitude paternelle et épiscopale te sauver de ta perte. La terre des chrétiens a été dévastée par ton ambition, les temples de Dieu renversés ou brûlés avec les ossements des saints et leurs autres reliques; les biens des églises qui sont les offrandes des fidèles, le rachat des âmes et le patrimoine des pauvres ont été détournés pour ton usage; les nobles dépouillés de leurs héritages; une multitude d'hommes égorgés ou réduits en servitude; des actes de brigandage ont été commis, des femmes et des filles déshonorées; les évêques légitimes chassés de leur siége et remplacés par des mercenaires, pour ne pas dire des voleurs et des brigands. (Noménoé , après avoir déposé comme simoniaques les évêques de la Bretagne, qui devaient leur dignité à Louis-le-Débonnaire et à Charles-le-Chauve, avait mis à leur place des hommes dévoués à ses intérêts). L'ancien diocèse de notre patron , le bienheureux Martin dont vous faites assurément partie, a été profané; enfin, nous ne pouvons le dire sans un profond sentiment de douleur et de pitié, le trouble est porté dans tous les rangs de l'Eglise. Cela suffisait pour te perdre ; mais ton égarement est arrivé jusqu'à la dernière limite ; tu as blessé toute la chrétienté en méprisant le vicaire du bienheureux Pierre, le pape Léon, à qui Dieu a donné la suprématie sur toute la terre. Tu l'avais prié d'inscrire ton nom sur son livre, et d'implorer pour toi la clémence divine ; il te l'avait promis dans une lettre qu'il t'a écrite sous la condition, toutefois, que tu te soumettrais à ses avis; non-seulement tu n'as pas fait ce qu'il t'avait recommandé, mais tu n'as pas même reçu sa lettre; comme tu ne voulais pas renoncer au mal, tu craignais d'entendre de bons conseils. En cela , tu as offensé les apôtres dont saint Pierre est le chef, tu as offensé les évêques qui règnent avec Dieu dans le ciel, et qui brillent sur la terre par des miracles. Tu nous as offensés aussi, nous qui, sans avoir leurs mérites, sommes néanmoins, par la grâce divine, investis des mêmes fonctions..... tu n'ignores pas que, dès l'origine de la domination des Francs, il y a des territoires qu'ils ont revendiqués pour eux, et d'autres qu'ils ont cédés aux Bretons sur leur demande. Comment foules-tu aux pieds la loi de Dieu qui dit : Tu ne franchiras pas les limites que tes pères ont tracées. Comment cherches-tu à t'approprier injustement la terre des Francs, et ne redoutes-tu pas cette parole de l'Ecriture : Malheur à celui qui violera les limites de son voisin ! » Les évêques, après avoir invité le duc des Bretons à se soumettre au pape, à reconnaître l'autorité du roi, et à se rendre à leurs exhortations, terminaient leur lettre par cette menace : « Si tu méprises nos conseils bienveillants, sois sûr que tu n'auras point de place au ciel, et que tu n'en auras bientôt plus sur la terre, parce que, retranché par ta faute de notre communion et de celle du pape, en vertu de l'anathème, tu auras, ce qu'à Dieu ne plaise, une place dans l'enfer (1). » Noménoé, qui avait refusé de recevoir le légat du pape, ne se laissa

(1) Epist. 84.

6

pas plus toucher par les prières qu'ébranler par
les menaces des évêques. Il se fit couronner par
le nouvel archevêque dans l'église du monastère
de Dol, et la séparation dura trois siècles. Dans
cette affaire, où l'Etat et l'Eglise étaient également
intéressés, on conçoit que l'épiscopat ne soit point
resté indifférent ; mais son intervention n'est pas
moins active, lorsque la royauté seule est en cause.
L'an 858, les évêques du synode de Metz mena-
çaient Louis-le-Germanique de l'exclure de leur
communion, s'il ne réparait le mal qu'il avait fait
en envahissant les Etats de Charles-le-Chauve, et
s'il ne prenait l'engagement de ne pas renouveler
un tel schisme dans la chrétienté et dans la sainte
Eglise. Six ans plus tard (864), le concile de Pistes
jugeait Pépin II digne de mort, comme apostat et
ennemi de la patrie, parce qu'il avait appelé les
Normands à soutenir ses droits sur l'Aquitaine.

Si l'Église use de son autorité pour soutenir et
oroléger le roi, elle s'en sert aussi pour l'éclairer
sur ses devoirs. Les évêques, dans leurs synodes,
recommandent à Charles-le-Chauve de vivre en
bonne intelligence avec les princes de sa famille (1) ;
ils appellent son attention sur l'envahissement des

(1) SIRMOND, t. III, *Concilium Vernense II*, p. 17.

biens de l'Église par les seigneurs, sur les vols et
les brigandages qui portent le trouble dans la société; ils lui dénoncent les déprédations commises
par les gens de sa suite, lorsqu'il visite les provinces, et l'invitent à choisir, pour rendre la justice, des hommes inaccessibles à la corruption et
disposés à juger, sans acception de personnes(1);
ils l'exhortent à fuir la société et les conseils des
pervers, et à recourir, dans l'intérêt de l'Église et
de l'État, aux lumières des évêques (2). L'influence de l'Église s'exerce jusque dans le conseil
du roi, où l'archevêque de Reims, Hincmar, do-
mine par le talent et le caractère. « Je sais, lui
écrivait l'abbé de Ferrières, qu'ayant été comblé
des dons de la grâce divine, vous êtes persuadé
que Dieu vous a donné, près du prince, le pouvoir de protéger les hommes de bien, afin qu'ils
aient en vous ce qui leur manque, et qu'ils vous
procurent les moyens d'obtenir la récompense de
votre mérite. Aussi je vous exhorte, avec la franchise de l'amitié, à faire valoir le talent qui vous
est confié, tandis que vous en avez le temps. Que
la splendeur de votre bonté éclaire comme le so-

(1) SIRMOND, t. III, *Concilium Lingonense*, p. 156.
(2) SIRMOND, t. III, *Concilium Valentinum III*, can. 3, p. 95.

leil tout le monde de ses rayons, hormis ceux dont
un aveuglement superbe ferme les yeux à la lu-
mière de la justice. La science ajoute à l'éclat de
votre noblesse, et la sainteté de la religion relève
l'éminence de vos fonctions. Ce que je vous écris
ne m'est point inspiré par un sentiment d'orgueil,
mais par le zèle de l'amitié ; puisque vous réunis-
sez la noblesse et la science, j'ai voulu montrer
combien l'union de ces qualités est admirable à
ceux dont le mauvais vouloir s'efforce d'obscurcir
les lumières de l'Église (1). Ces derniers mots s'appliquent aux seigneurs, que l'abbé de Ferrières
signale dans plusieurs de ses lettres, comme les
ennemis du clergé. Servat-Loup lui-même, sans
remplir aucune charge au palais, par la seule autorité de son caractère et de son mérite, exerce
sur l'esprit de Charles-le-Chauve une influence
directe et personnelle. En effet, tantôt de vive
voix, tantôt dans des instructions écrites, il lui
trace la conduite qu'il doit tenir comme chrétien
et comme roi. Ces instructions, qui ne sont, à proprement parler, que des recueils de maximes et
de sentences tirées de l'Écriture sainte et des auteurs profanes, ont une certaine importance pour

(1) Epist. 42.

l'histoire, parce qu'elles servent à faire connaître la personne et le caractère de Charles-le-Chauve, et par là, expliquent en partie les fautes et les faiblesses de son gouvernement. A la beauté et à la force physique (1), qui sont chez les barbares un des prestiges du pouvoir, Charles-le-Chauve joignait une aptitude naturelle pour goûter et pour comprendre les choses de l'intelligence (2); mais il semble avoir conservé, jusque dans l'âge mûr, une légèreté et une frivolité qui étaient peu compatibles avec les devoirs de la royauté. « Quand vous étiez tout enfant, lui écrivait l'abbé de Ferrières, vous aviez le langage d'un enfant, les idées d'un enfant : mais, aujourd'hui, que vous êtes arrivé à l'âge viril, dépouillez-vous, pour me servir des expressions de l'Apôtre, par la bouche duquel parlait l'Esprit-Saint, dépouillez-vous de ce qui est de l'enfant. Evitez ce qui est vain et déraisonnable pour vous attacher aux choses solides qui importent à votre salut ici-bas et dans l'autre vie... Ne changez jamais, sinon pour faire mieux, ce qui vous a une fois réussi, afin que tous admirent votre tenue et votre fermeté. Fuyez la lé-

(1) Epist. 45.
(2) Epist. 119. — D. BOUQUET, t. VII, *Epist. Hincmari*, p. 518.

gèreté; soyez réfléchi dans votre conduite, pour
que vos vertus profitent à vos sujets (1). » L'in-
constance et la mobilité des idées étaient, sans aucun doute un des traits particuliers du caractère
de Charles-le-Chauve, car l'abbé de Ferrières s'at-
tache, dans toutes ses instructions, à lui vanter
les qualités qui sont opposées à ce défaut. L'ascendant que Louis-le-Débonnaire avait laissé
prendre au comte Bernard, et le pouvoir qu'il
avait donné à ses enfants, en leur partageant
l'empire, avaient été la principale source des troubles et des guerres civiles qui avaient agité son
règne. Servat-Loup, qui comptait d'autant moins
sur la fermeté de Charles-le-Chauve, que ce
prince avait, en quelque sorte, avoué sa faiblesse,
en invitant ses sujets à n'employer aucune influence pour obtenir de lui des choses qui seraient
contraires à la justice, à la dignité de son rang et
à l'équité du pouvoir (2), lui adressait ces conseils : « Ne donnez à qui que ce soit sur vous un
empire qui ne vous permettrait de rien faire par
vous-même. Pourquoi prendre le titre de roi, si

(1) Epist. 64.
(2) D. Bouquet, t. VII, *Conventus apud Coloniam*, capit. 3, 4,
p. 600.

vous ne savez pas régner? Il n'est avantageux ni
pour vous ni pour le peuple que vous placiez quelqu'un à côté de vous, encore moins au-dessus de
vous. Dieu qui sait ce qu'il y a au fond du cœur
de l'homme, vous avertit de ne point livrer le
pouvoir à vos enfants, parce qu'il vaut mieux que
les prières et les sollicitations viennent de leur
part que de la vôtre. S'il ne faut pas faire cette concession à vos enfants, combien moins à d'autres?
Qui ne sait que vous êtes le représentant de Dieu
sur la terre? N'admettez donc jamais auprès de
vous de ces conseillers que le peuple appelle Ba-
juli (porte-faix), de peur qu'ils ne se partagent
votre gloire et ne vous enlèvent l'affection des gens
de bien (1). » L'abbé de Ferrières relève les fautes
aussi bien que les défauts du roi. Lorsque Louis-
le-Germanique avait envahi la Gaule, les seigneurs qui s'étaient joints à lui, avaient donné
pour motifs de leur défection, l'indifférence de
Charles-le-Chauve pour les malheurs du pays, sa
mauvaise foi et sa dureté envers les solliciteurs,
qu'il renvoyait du palais sans une bonne parole (2). Servat-Loup fait comprendre au roi que,
pour inspirer le dévouement à sa personne, il

(1) Epist. 64.
(2) Duchesne, t. II, *Annales de Fulde*, an. 858, p. 554.

doit montrer à tous que l'intérêt général est l'objet de sa plus vive sollicitude; il lui recommande de ne confier les charges de l'État qu'à des hommes animés de l'amour du bien public (1), et de ne pas souffrir que les lois divines et humaines soient méprisées, parce que l'impunité des méchants engendre le mal. Par une adroite flatterie, il essaye de le ramener au respect de la parole donnée. Dans une société où les seules garanties de l'obéissance étaient le dévouement et la foi jurée, les rois, privés de tout autre moyen d'influence et justement alarmés des dangers de leur position, exigeaient un serment de fidélité de tous les hommes libres. Charles-le-Chauve, plus qu'aucun de ses prédécesseurs, eut recours à cette garantie : mais, comme il ne savait ou ne pouvait imposer l'obéissance, et que, du reste, lui-même n'observait pas toujours ses engagements, on se jouait alors impunément de la foi jurée; l'abbé de Ferrières feint de croire que la parole du roi aura toute autorité pour rappeler ses fidèles au respect du serment, et il lui envoie le traité de saint Augustin sur les dangers du parjure (2). Enfin, Servat-Loup composa, pour l'instruction de ce prince,

(1) Epist. 64.
(2) Epist. 96.

un abrégé de la vie des empereurs romains, dans lequel il lui propose Trajan et Théodose comme des modèles à suivre dans le gouvernement des peuples (1). Les ouvrages destinés à l'éducation des princes ont rarement fait de grands rois : le traité de l'abbé de Ferrières ne prévint ni les faiblesses ni la honte du règne de Charles-le-Chauve.

Malgré les efforts de l'Église, le travail de décomposition qui se faisait dans la société ne s'arrêta pas. Le démembrement de l'empire carlovingien en royaumes fut bientôt suivi du morcellement des royaumes en une multitude de petites sociétés, de gouvernements locaux taillés en quelque sorte à la mesure des idées et des relations du temps. L'organisation des monastères s'adaptait merveilleusement au nouvel ordre de choses : aussi le moyen-âge a-t-il été l'époque de la plus grande prospérité de ces petites républiques religieuses, agricoles, industrielles et lettrées.

(1) Epist. 93.

SECONDE PARTIE.

III.

Charlemagne était parvenu, avec le concours des évêques et du clergé régulier, à remettre en vigueur l'étude des lettres. Que devint cette restauration au milieu des déchirements de l'empire? « Aujourd'hui tout le monde se plaint de l'inhabileté des maîtres, du manque de livres et du défaut de loisirs (1). » Cette remarque de l'abbé de Ferrières date de la fin du règne de Louis-le-Débonnaire. Les rivalités sanglantes des enfants de ce prince, en préoccupant vivement les esprits, même au sein de la société religieuse, avaient déjà ralenti la marche des études; les invasions des Normands, sous Charles-le-Chauve, en détruisant

(1) Epist. 54.

beaucoup d'écoles monastiques, rendirent à la barbarie une partie du terrain qu'elle avait perdu ; mais la cause qui fit échouer, presque à ses débuts, la renaissance littéraire du ixᵉ siècle, était dans la disposition même des esprits ; Servat-Loup ne s'y est pas trompé. « De votre temps, écrivait-il à Eginhard, grâce au très-illustre empereur Charles, les lettres, qui lui doivent un éternel souvenir, ont été ranimées et ont, pour quelque temps, relevé la tête ; et ce mot célèbre s'est trouvé vérifié : *Honos alit artes, et accenduntur omnes ad studia gloriâ.* Mais, aujourd'hui, on supporte à peine ceux qui cherchent à acquérir quelques connaissances ; le vulgaire ignorant a les yeux levés sur eux, comme s'ils étaient placés sur quelque hauteur ; et si, par hasard, ils prêtent à la critique, leurs fautes ne sont point imputées à la faiblesse humaine, mais à la nature même de leurs travaux. Ainsi, soit qu'on ne désire pas cueillir la palme de la sagesse, soit qu'on craigne de compromettre sa réputation, on renonce à une occupation aussi noble (1). » Charlemagne, par l'ascendant du génie et de l'exemple, avait bien pu réveiller le goût de l'étude et conduire aux leçons

(1) Epist. 1.

d'Alcuin, dans l'école du Palais, les rudes com-
pagnons de ses travaux guerriers ; mais, après lui,
l'esprit général du temps reprend le dessus ; le
mépris de la science est un des traits qui caracté-
risent la féodalité naissante. Néanmoins, les causes qui amenèrent la décadence des études, ne fi-
rent pleinement sentir leurs effets qu'à la fin du
IXe siècle, lorsque la génération d'hommes instruits, qui s'était formée dans les premières années du règne de Louis-le-Débonnaire, eut entièrement disparu. Cette génération, représentée en
Gaule par les évêques Jonas, Prudence, Rémi,
Héribold, Hincmar; par les moines Gottscalk, Paschase Ratbert, Rotramne, Usuard, Héric, Servat-
Loup, le diacre Florus et Nithard, ne fut pas de
beaucoup inférieure à celle qui l'avait immédiatement précédée : il faut ajouter qu'elle trouva
des encouragements et un appui auprès de Charles-le-Chauve. Servat-Loup lui rend ce témoignage qu'il était très-zélé pour la science (1). Il
consacrait surtout à l'interprétation de l'Ecriture
sainte les loisirs que lui laissait le soin des affaires : il lisait les ouvrages des Pères grecs et latins,
et il s'était suffisamment pénétré de leurs doctri-

(1) Epist. 119.

nes pour comprendre les questions théologiques
qui furent débattues sous son règne (1). A l'exemple de Charlemagne, il proposaît des questions à
résoudre, des sujets à traiter ; il attirait en Gaule
les savants étrangers : par des éloges et des récom-
penses, il les retenait auprès de lui ; ainsi, après
avoir appelé d'Irlande Scot-Erigène, il l'admet
dans sa familiarité la plus intime, et le place à la
tête de l'Ecole du Palais. Les efforts de Charles-
le-Chauve pour continuer la tradition littéraire de
son aïeul, ne furent pas tout à fait stériles ; les
lettres brillèrent encore d'un certain éclat : ce n'est
point, comme le disait le moine d'Auxerre, Héric,
une flamme qui s'élève jusqu'aux astres, mais la
dernière lueur d'un feu qui s'éteint (2).

I. L'homme qui représente le plus complète-
ment l'activité intellectuelle de cette époque, est
peut-être l'abbé de Ferrières. Il aime et recherche
la sagesse (c'était alors l'expression consacrée),
non pour les honneurs et les richesses, mais pour
les jouissances élevées qu'elle procure, et pour
l'influence morale qu'elle doit exercer sur la con-

(1) Epist. 128.
(2) Duchesne, t. II, *Epi.t. Herici ad Carolum*, p. 471.

duite dans toutes les circonstances de la vie (1).
Il pense, contrairement à l'opinion de la plupart
de ses contemporains, que la science importe gran-
dement à la prospérité et au bonheur de la société (2); ni les soins, ni les démarches que réclament les intérêts de son monastère, ni les
missions dont il est fréquemment . chargé par le
roi, ni les expéditions militaires auxquelles il est
obligé de prendre part, ne peuvent refroidir son
ardeur ; il a quelque chose de l'humaniste passionné des xve et xvie siècles. La rareté des livres
et la difficulté de s'en procurer étaient alors un
obstacle aux progrès des études. Quel zèle, quelle
activité il déploie pour avoir ceux qui lui man-
quent ! quelles instances auprès des possesseurs
de ces trésors! il en aura le plus grand soin; il
ne les gardera que le temps nécessaire pour les
faire copier. « J'irai vous voir, écrit-il à Eginhard,
pour vous rendre vos livres, et pour apprendre
de vous quels sont ceux dont je puis avoir besoin.
Je vous aurais envoyé Aulu-Gelle, si l'abbé ne
l'avait gardé, se plaignant de ne pas l'avoir
encore fait copier; mais il m'a promis de vous

(1) Epist. 33.
(2) Epist. 32.

écrire qu'il m'avait arraché de force cet ouvrage (1). » Craint-il un refus, il a recours au
crédit de ses parents ou de ses amis. « Je vous
prie, dit-il à Marcward, d'envoyer à Saint-Boni-
face un moine adroit qui demandera, de votre
part, à l'abbé Hatton, pour la faire copier, la
vie des Césars, par Suétone. Il l'a en deux petits
volumes; vous me remettrez à moi-même cet ouvrage; ou si, à cause de nos péchés, nous sommes
privés de votre visite, vous me le ferez passer par
un messager très-sûr (2). » Il s'adresse à l'archevêque de Tours, avec qui il était lié d'amitié, pour
avoir les Commentaires de Boëce sur les Topiques
de Cicéron. Ce livre faisait partie de la bibliothèque de Saint-Martin, dont la garde était confiée
à un certain Amalric. Pour prévenir toute difficulté, il engage le prélat à ne point le nommer,
et à répondre, si l'on veut connaître le destina-
taire, qu'il se propose d'envoyer l'ouvrage à des
parents qui le demandent avec instance (3). Il
profite de la restitution de Saint-Josse, qui le rapproche de l'Angleterre, pour emprunter au supé-

(1) Epist. 5.
(2) Epist. 91.
(3) Epist. 16.

rieur des moines de l'église d'York les Questions
de saint Jérôme sur l'ancien et le nouveau Testament, celles de Bède et les Institutions ora-
toires de Quintilien (1) ; enfin, deux moines de
Ferrières ayant entrepris le voyage de Rome, il
leur donna, pour le pape Benoît II, une lettre de
recommandation qui se termine par cette requête :
« Les pères doivent thésauriser pour les enfants,
comme dit l'Apôtre des Gentils, et nous désirons
être pour vous des fils pleins d'obéissance. Nous
vous prions donc de nous envoyer par ces frères
les Commentaires du bienheureux Jérôme sur Jérémie, depuis le sixième livre jusqu'au dernier;
après les avoir fait promptement copier, nous les
renverrons sans faute. Nous vous demandons Cicéron *de Oratore*, et les douze livres des Institutions de Quintilien, qui sont contenus dans un
seul volume de médiocre grandeur. Nous avons
diverses portions de ces deux auteurs; mais nous
voudrions nous en procurer la totalité, par votre
intermédiaire. Nous vous demandons aussi ins-
tamment le Commentaire de Donat sur Térence.
Si votre libéralité nous accorde cette faveur, tous
ces ouvrages, avec l'aide de Dieu, vous seront

(1) Epist. 62.

promptement rendus (1). Les savants d'alors sont tous animés de la même ardeur; il y a un perpétuel échange de livres entre eux. Servat-Loup écrit à l'un de ses correspondants : « Le livre que vous m'avez demandé l'a été, à mon retour, par beaucoup de personnes auxquelles il ne convenait pas de le prêter; j'ai presque résolu, de peur qu'il ne se perde, de l'envoyer quelque part (2). » A un autre : « Je vous envoie, pour vous faire plaisir, le manuscrit des remarques de saint Jérôme, sur les Prophètes, avant de l'avoir lu. Que votre diligence veuille bien le lire ou le faire copier promptement, et nous le renvoie. Jules César n'a point écrit l'histoire des Romains; on n'a de lui que les Commentaires sur la guerre des Gaules, dont vous avez entendu parler, et aucun autre ouvrage historique, que je sache. C'est son secrétaire Hirtius qui s'est chargé d'ajouter aux Commentaires le récit des autres guerres de César, lorsque son maître fut absorbé par les affaires du monde. Je vous enverrai donc les Commentaires de César, aussitôt que j'aurai pu me les procurer (3). » On

(1) Epist. 103.
(2) Epist. 20.
(3) Epist. 37.

recherche les manuscrits pour comparer et revoir
le texte des différents auteurs. Servat-Loup recommande à l'un de ses amis qui vient le voir, d'ap-
porter les livres qu'il sait lui manquer, et même
ceux dont il a un exemplaire, afin qu'il puisse les
corriger (1). Il remercie beaucoup Adalgard du
soin fraternel qu'il a mis à corriger Macrobe (2).
Il promet à un autre de faire collationner avec son
exemplaire les Lettres de Cicéron, qu'il lui a en-
voyées pour tirer, s'il se peut, de cette comparai-
son un texte plus pur ; il lui demande la traduc-
tion du poëme d'Aratus par Cicéron, pour combler
dans son exemplaire les lacunes qu'un de ses amis,
Egil, lui a signalées (3). Les désordres de l'état
social et le peu de sûreté des routes gênaient sin-
gulièrement ces précieux envois. L'abbé de Ferrières refuse à un moine de Sens un ouvrage,
parce que son messager voyage à pied (4). Il s'excuse auprès d'Hincmar de n'avoir pu lui prêter
le *Collectaneum* de Bède, « livre si volumineux,
lui dit-il, qu'il ne peut être caché ni dans le sein,
ni dans la besace ; et quand même l'un et l'autre

(1) Epist. 104.
(2) Epist. 8.
(3) Epist. 69.
(4) Epist. 20.

seraient possibles, il eût été exposé à la rencontre
funeste d'une troupe de méchants, que la beauté
du manuscrit aurait pu tenter (1). » Mais les savants étaient animés d'un esprit de persévérance
qui suppléait en partie à l'imperfection des communications.

Ce goût pour les livres se révèle aussi dans la
richesse des ornements qui les décorent, et dans
la beauté de caractères. L'onciale (2) n'avait jamais tout à fait disparu ; l'usage en devient plus
général, et l'on reprend les caractères antiques.
Les miniatures se multiplient et se perfectionnent;
tous les sujets de la Bible paraissent tour à tour
dans des vignettes qui sont de véritables compo-
sitions. Hilpéric, moine de Seligenstadt, où Loup
faisait quelquefois copier les ouvrages dont il en-
richissait la bibliothèque de son monastère, avait
un talent particulier pour la décoration des manuscrits (3). L'or, l'ivoire et les pierres précieuses

(1) Epist. 76.

(2) Epist. 5. — Præterea scriptor regius Bertcaudus dicitur anti-
quarum litterarum duntaxat earum quæ maximæ sunt et unciales a
quibusdam vocari existimantur habere mensuram descriptam. Ita-
que si penes vos est, mitte mihi eam per hunc, quæso, pictorem, cum
redierit.

(3) Epist. 60.

étaient employés surtout à embellir l'ancien et le
nouveau Testament, et les livres destinés à l'u-
sage de l'Eglise. Il suffit de rappeler le livre des
Evangiles que Charles-le-Chauve fit écrire en
lettres d'or pour l'abbaye de Saint-Denis : au
frontispice se voyait la figure de ce prince, revêtu
de ses habits royaux et assis sur un trône élevé,
avec des gloires à droite et à gauche : la couver-
ture était d'or enrichie de pierreries (1). Ce travail
n'était point étranger aux monastères de femmes,
qui, indépendamment des ouvrages qu'elles tis-
saient, copiaient les deux Testaments, le Psautier,
et d'autres livres qu'elles ornaient aussi d'or et de
pierres précieuses.

La nature et le choix des ouvrages que demande
ou cite l'abbé de Ferrières indiquent le genre d'é-
tudes auxquelles les hommes instruits du IXe siècle consacrent leurs veilles et leurs travaux. Ils
mènent de front l'étude de la littérature profane
et celle de la littérature sacrée. Dans la littérature profane, on lit des ouvrages de tout genre.
L'histoire est représentée par Tite-Live (2), Sal-

(1) *Hist. littér. de la France*, t. IV, p. 282-283.
(2) Epist. 54. — Illud quod sequitur tangere nolui donec in Li-
vio vigilantius indagarem.

luste (1), César (2), Suétone (3), Justin (4); l'art
oratoire par Cicéron (5) et Quintilien (6); la poésie
par Virgile (7), Horace (8), Térence (9) et Martial (10); la grammaire par Aulu-Gelle (11), Macrobe (12), Priscien (13), Donat (14), Servius (15),

(1) Epist. 104. — Catilinarium et Jugurthinum Sallustii nobis
offerre dignemini.

(2) Epist. 57. — Ejusdem Julii Cæsaris Commentarios ut pri-
mum habere potuero vobis dirigendos curabo.

(3) Epist. 91.

(4) Epist. 20. — Refert Trogus Pompeius Mithridatis regis futu-
ram excellentiam cometa præmonstratam.

(5) Epist. 1, 8, 20, 34, 46, 62, 69, 103, 104.

(6) Epist. 62, 103. — Petimus etiam Tullium de Oratore et duo-
decim libros Institunionum Quintiliani.

(7) Epist. 4, 6, 20, 34, 37, 44.

(8) Epist. 64, 1. — Horatianum illud doctissimorum ore tritum
merito accipiam.

(9) Epist. 103. — Pari intentione Donati Commentum in Teren-
tium flagitamus.

(10) Epist. 20. — Item apud Martialem : « Quid tibi cum fiala ligu-
lam committere posses. »

(11) Epist. 1, 5. — A. Gellium misissem nisi rursus illum abbas
retinuisset.

(12) Epist. 8. — Habeo vero tibi plurimas gratias quod in Macro-
bio corrigendo adhibuisti laborem.

(13) Epist. 7, 8, 34.

(14) Epist. 103.

(15) Epist. 5, 15, 8. — Namque quod alia (verba) penultimam
primæ vel secundæ personnæ producant auctor est Servius.

Caper (1) ; la dialectique par Bède (2) , et les sciences par Boëce (3), Cassiodore (4) et Victorius. (5). Si l'on ne voit figurer dans cette liste aucun auteur grec , c'est que la connaissance de cette langue était peu répandue. Cependant, Charles-le-Chauve avait appelé plusieurs Grecs à sa cour. Le moine d'Auxerre , Héric , représente la Grèce comme pleurant les enfants qui la dédaignent et accourent en Gaule , attirés par les bienfaits de ce prince, et, à sa voix , l'Irlande émigrant toute entière. avec la multitude de ses philosophes (6). Sous l'exagération de ce langage, il y a quelque chose de vrai. Jean Scot, pendant son séjour en Gaule , traduisit les livres attribués à saint Denys l'Aréopagite , et les Scolies de Maxime sur saint Grégoire (7). Les lettrés du commencement du IXᵉ siècle mêlent volontiers des mots grecs à leurs écrits : les poètes intercalent même dans des vers latins des mots grecs, et des vers grecs dans

(1) Epist. 20.

(2) Epist. 62.

(3) Epist. 5, 8, 15, 93.

(4) Epist. 62.

(5) Epist. 5. — In Victorii quoque calculum prævia Dei gratia vestraque doctrina ingredi cupio.

(6) Duchesne, t. II. *Epist. Herici ad Carol.*, p. 471.

(7) *Hist. litt. de la France*, p. 27.)

des pièces latines (1); mais, le plus souvent, cette science est tout à fait superficielle et d'emprunt; on la puisait dans les glossaires et les lexiques, qui étaient déjà en usage; c'est du moins ce qui ressort des observations que l'archevêque de Reims, Hincmar, adressait à son neveu, l'évêque de Laon, Hincmar, sur les mots grecs et les expressions extraordinaires, qu'il empruntait à cette sorte d'ouvrages (2). L'abbé de Ferrières n'avait lui-même qu'une connaissance très-imparfaite de la langue grecque. On le voit, en Germanie, se faire expliquer par Eginhard les mots grecs qu'il rencontre dans les Commentaires de Servius (3). Plus tard, il répond à Gottscalk qui lui a demandé la signification d'un certain nombre de mots grecs, qu'il en est quelques-uns dont le sens exact ne se présente pas à lui immédiatement, qu'il s'en occupera, que d'ailleurs c'est à des Grecs qu'il faut plutôt demander le sens précis des mots grecs (4).

(1) *Hist. littér. de la France*, t. IV, p. 280.

(2) *Opera Hincm.*, t. II, p. 547.

(3) Epist. 5. — Abdita in lege et maxime græca nomina et alia ex Servio item græca, quæ initio vobis direxi, saltem nunc utinam ne gravemini explanare.

(4) Epist. 50. — Verborum vero quorum flagitasti rationem, quia nec plenaria statim omnium occurrit, et eam indagare maximæ causarum moles, quibus assidue obruor, inhibuerunt, in aliud tem-

Loup élude évidemment une réponse en renvoyant
Gottscalk à des Grecs ; il lui dit, en d'autres termes, qu'il n'est aucun homme d'Occident qui soit
en état de lui donner des renseignements. Il men-
tionne bien dans une lettre un fait rapporté par
l'historien Josèphe, mais probablement d'après
quelque Père de l'Eglise latine (1). Quant à la littérature sacrée, les esprits semblent se livrer plus
particulièrement à l'interprétation des livres saints :
on fait copier et on étudie les Annotations de saint
Jérôme sur le prophète Jérémie, ses Questions sur
l'ancien et le nouveau Testament, les Commentaires de Bède sur les Epîtres de saint Paul. Cette
disposition des esprits donne naissance à une foule
de commentaires, de gloses, de notes, d'explica-
tions et de paraphrases. Dans les questions théologiques, l'autorité de saint Augustin sert de règle et
de loi. C'est le docteur par excellence (2). Sa parole,
comme autrefois celle de Pythagore, est un argument sans réplique.

Tous ces ouvrages sont la base de l'enseigne-

pus distuli : quanquam non sim nescius græcorum sermonum pro-
prietates a Græcis potius expectandas.

(1) Epist. 20. — Josephus quoque prodit, priusquam evertere-
tur Hierusalem, fuisse stellam in morem gladii per totum annum
super eamdem urbem.

(2) Epist. 128.

ment dans les écoles monastiques. Depuis le concile d'Aix-la-Chapelle (817), ces écoles étaient de deux sortes (1) : les unes intérieures ou claustrales et les autres extérieures : celles-ci étaient ouvertes aux laïques : on y admettait surtout les fils des grands et des nobles : celles-là étaient réservées aux moines tant indigènes qu'étrangers. Dans les écoles intérieures, on enseignait les sciences sacrées et profanes, c'est-à-dire la théologie, qui se composait de la connaissance des deux Testaments, des Pères, des canons et des sept arts libéraux. Dans les écoles publiques, on apprenait aux enfants les principes de la foi catholique, l'oraison dominicale, les psaumes, les notes musicales et la grammaire. On commençait aussi dans les monastères du nord-est de la Gaule à se préoccuper de l'étude de la langue germanique. Le traité de Verdun, en partageant l'empire de Charlemagne en trois royaumes, avait consacré la séparation qui s'était faite entre les peuples, d'après la différence de langage et de mœurs. Servat-Loup envoie au couvent de Prum, dans les Ardennes, son neveu et deux enfants nobles, pour qu'ils apprennent l'allemand sous la direction de l'abbé Marcward.

_____

(1) *Hist. littér. de la France*, t. IV, p. 230-231.

« Un jour, lui écrivait-il, ces enfants, s'il plaît à Dieu, seront utiles à notre monastère (1). » Et dans une autre lettre : « Il faut être stupide pour ne pas comprendre que la connaissance de la langue germanique est aujourd'hui tout-à-fait nécessaire (2). » Elle l'était surtout pour les relations si fréquentes entre les monastères des deux pays : outre les lettres dont ils étaient porteurs, les messagers, comme l'attestent plusieurs passages de la correspondance de Servat-Loup, étaient quelquefois chargés de communications verbales ; aussi la plupart d'entre eux avaient-ils une certaine instruction (3).

En dehors des écoles, on étudie, on commente les ouvrages de l'antiquité : les difficultés que l'on rencontre deviennent le sujet d'une longue et active correspondance. Il est curieux de voir, dans les lettres de Servat-Loup, comment l'attention est éveillée sur presque toutes les branches des connaissances humaines: théologie, grammaire, astrologie, mathématiques, etc. Le moine Gottscalk consulte l'abbé de Ferrières sur la nou-

(1) Epist. 91.
(2) Epist. 70.
(3) Epist. 70.

velle hérésie, d'après laquelle on prétendait que
les élus ne pourraient voir Dieu que des yeux du
corps (1); Charles-le-Chauve l'interroge sur les
trois questions de la grâce, de la prédestination et
du prix du sang de Jésus-Christ, qui partagent
en deux camps les évêques de la Gaule et de la
Germanie (2). Les réponses de Loup sont de véritables traités pour l'étendue et la méthode. Mais
toutes les questions ne comportaient pas d'aussi
longs développements. Il en est qu'on peut citer
pour donner une idée de cet échange de connaissance entre les hommes studieux de cette époque.
Un prêtre du diocèse de Dijon demande l'expli-
cation des mots « *Pater patratus.* » — « Je crois,
lui répond l'abbé de Ferrières, que *Pater patratus* était le titre de celui qui exerçait certaines fonctions sacerdotales ; celui qui en était revêtu était
tellement respecté de ses concitoyens, qu'ils l'appelaient leur *Pater factus ;* c'était par son ministère qu'ils faisaient ce que tu lis dans Servius (3). »
Un moine de Fulde désire savoir pourquoi Isis est
représentée un sistre à la main : Servat-Loup ré-

(1) Epist. 30.
(2) Epist. 128.
(3) Epist. 15.

pond que le sistre est l'emblème du mouvement
périodique des eaux du Nil (1). Le même corres-
pondant lui demande ce qu'il faut penser des comètes : l'opinion de l'abbé de Ferrières, on le
conçoit sans peine, ne s'élève point au-dessus des
préjugés des anciens. « Sur ce point, lui dit-il, il
semble qu'il y a plus à craindre qu'à disserter :
comme l'autorité divine ne parle point de ces mé-
téores, on peut partager l'effroi des païens à leur
apparition : ils prétendent qu'ils annoncent la
peste, la famine et la guerre. » Et il rappelle les
événements remarquables de l'histoire, qui, dans
l'opinion des anciens, avaient été prédits par des
comètes, tels que la mort de César, la ruine de Jé-
rusalem et la grandeur de Mithridate. La poésie ou
plutôt l'art de faire des vers, avait un attrait tout
particulier pour les lettrés du ixe siècle, à en juger
par les nombreuses questions que l'on adresse à
l'abbé de Ferrières sur la quantité des mots. Ses
réponses attestent une sérieuse étude des gram-
mairiens et des poètes latins. Il appuie son opinion sur des exemples tirés des poètes anciens,
Virgile et Martial, de Prudence, et même de ses

(1) Epist. 20.

contemporains Alcuin, Théodulf (1). Quand il
peut invoquer l'autorité de Priscien, il ne croit
pas avoir besoin de recourir aux poètes ; l'autorité·
de Priscien est souveraine même pour les gens les
plus difficultueux (2) ; ou bien, après avoir exposé ce qu'il croit être la vérité, il s'empresse d'a-
jouter : « Je n'ai le témoignage d'aucun poète pour
corroborer mon sentiment; comme je ne veux
point compromettre mon autorité, j'attendrai que,
par les soins de mes amis ou par mes propres re-
cherches, j'aie trouvé quelque chose de plus évident, sinon de plus solide (3). » Au reste, on n'a-
vait plus, depuis longtemps, le sentiment de la
quantité; on ne prononçait que l'accent. Servat-
Loup lui-même avait demandé à Eginhard si la
pénultième ne devait pas être considérée comme
brève dans les mots comme *aratrum, salubris*,
où une voyelle même longue par nature est suivie d'une muette et d'une liquide. Plus tard, on
pose à Servat-Loup la même question ; il répond

(1) Epist. 20.
(2) Epist. 54. — Quod possem etiam poetico testimonio confir-
mare nisi apud contentiosos quosque tanti viri tantum posset aucto-
ritas.
(3) Epist. 54.

que la syllabe suivie d'une muette et d'une liquide ne peut être commune qu'autant que la voyelle est brève par nature. Une des raisons qui le décident, c'est que dans les mots *peccatrix*, *venatrix* et autres substantifs formés de masculins en *tor*, personne n'hésite à mettre l'accent sur la pénultième, et qu'il serait choquant pour l'oreille, même barbare, d'accentuer ces mots sur l'anté-pénultième (1).

Avant d'être consulté par ses contemporains comme un des maîtres de la science, l'abbé de Ferrières avait eu souvent recours, dans sa jeunesse, aux lumières d'Eginhard : « Au nom de l'amitié et de la charité, lui écrivait-il du monastère de Fulde, daignez scruter avec soin tous les recoins de votre mémoire, et me communiquer ce que vous savez m'être nécessaire ; en répandant sur moi les semences de votre génie, vous en transmettrez les fruits à beaucoup d'autres (1). » En effet, Servat-Loup ne se montre pas avare des connaissances qu'il a acquises ou reçues. Cependant,

(1) Epist. 20. — Ce qui faisait hésiter Loup, c'était un passage de Donat, où il était dit que l'accent n'est pas le même dans *aratrum* et dans *Catullus*, parce que dans *aratrum* la pénultième est suivie d'une muette et d'une liquide.

(2) Epist. 6.

le nombre de ses correspondants augmente tellement, que le soin de sa propre instruction l'oblige
à le restreindre. « Si les questions, disait-il au
moine de Fulde, Altuinus, pouvaient être réso-
lues avec autant de facilité qu'on les soulève, les
hommes studieux d'autrefois seraient arrivés au
comble de la sagesse. Dans l'état de décadence
où sont tombées aujourd'hui les lettres, qui ne
se plaint avec raison de l'ignorance des maîtres ,
du manque de livres et du défaut de loisirs? Vous
m'en voudrez moins par conséquent si, vu le peu
de temps dont je dispose, je juge à propos de l'employer à apprendre ce que j'ignore plutôt qu'à disserter sur ce que je sais. Je ne me trompe pas , je
pense, en imposant à ceux à qui j'ai, avec l'aide
de Dieu , ouvert ou applani les voies de la science,
la nécessité de suivre la voie où je marche devant
eux ; comme c'est par la lecture que je continue à
m'instruire et que je me suis instruit, je conseille
à mes disciples d'en faire autant, quand ils sont
avec moi ; et quand ils sont loin de moi, je le leur
impose en refusant obstinément de répondre à leurs
questions (1). » Servat-Loup tient compte néanmoins des instances d'Altuinus, et il lui écrit une

(1) Epist. 34.

longue lettre sur des questions d'orthographe, de prononciation et de prosodie.

L'étude assidue des meilleurs écrivains de l'antiquité porte ses fruits. Dans le monde tout nouveau d'idées et de sentiments, où les transportent les merveilles de l'éloquence et de la poésie, les lettrés du ixᵉ siècle puisent une certaine libéralité d'opinion religieuse. Un prêtre de Mayence, Probus plaçait Cicéron et Virgile au nombre des élus, et l'abbé de Ferrières, son ami, avait un sourire indulgent pour cette tolérance inspirée par l'amour du beau (1). En même temps le goût se forme et s'épure. Ne dirait-on pas que cette lettre, dans laquelle l'abbé de Ferrières juge les œuvres de ses contemporains, est d'une autre époque ? « J'avais commencé, dit-il à Eginhard, à feuilleter les auteurs, mais les ouvrages de notre temps m'ont déplu, parce qu'ils s'éloignaient de cette éloquence cicéronienne qu'ont imitée les grands hommes du christianisme. Alors tomba dans mes mains votre ouvrage, dans lequel, permettez-moi de vous le dire sans flatterie, vous avez écrit de la manière la plus brillante les brillantes actions de l'empereur Charles. J'ai embrassé avec transport le

_____

(1) Epist. 20.

livre où je trouvais de la distinction dans les pensées, le sobre emploi des conjonctions que j'avais remarqué dans les bons auteurs, un style que n'embarrassaient pas la longueur et la complication des périodes, ni des phrases d'une étendue démesurée (1). » Ces compliments littéraires, dit M. Ampère, adressés à Eginhard sur sa manière d'écrire, sur la coupe de ses phrases, qui rappellent les bons auteurs ; cette déplaisance des écrits contemporains, auxquels manque l'éloquence cicéronienne, tout cela n'est-il pas d'un littérateur et d'un cicéronien du xvie siècle (2) ?

II. — L'influence de la littérature ancienne sur les sentiments, les idées, le goût et le style des écrivains de la seconde moitié du ixe siècle, n'est peut-être nulle part mieux marquée que dans les écrits de l'abbé de Ferrières ; ces écrits, quoique en petit nombre, embrassent tous les genres qui étaient alors cultivés. Avec la renaissance des lettres, l'histoire proprement dite avait reparu ; Servat-Loup écrit, ponr l'instruction de Charles-le-Chauve, une histoire abrégée des empereurs romains. La translation des reliques des saints, si fréquente à cette

(1) Epist. 1.
(2) AMPÈRE, *Hist. littér.*, t. III, p. 238.

époque, faisait naître une foule de légendes; nous
avons de lui la vie de saint Wigbert, et celle de saint
Maximin lui est attribuée. On commentait les Ecritures et les Pères, on agitait des questions théologiques; Servat-Loup prend part au fameux débat sur la grâce, la prédestination et le prix du
sang de Jésus-Christ, et publie un traité et un
recueil d'extraits des Pères de l'Eglise, pour servir
de pièces à l'appui. Enfin, il sacrifie au goût de
son siècle pour la poésie, en composant des
hymnes en l'honneur de saint Wigbert. Si l'on
ajoute à ces écrits deux homélies, les canons du
concile de Verneuil et les lettres, on aura la liste
complète de ses œuvres.

L'histoire abrégée des empereurs romains n'est
point arrivée jusqu'à nous.

La légende occupe une place importante dans
la littérature du ixe siècle. Ce qui distingue ce
genre de composition, c'est le mélange du merveilleux et du réel. Les saints, au moyen-âge, étaient
l'objet d'un culte particulier, surtout dans les monastères. Au milieu de cette société, où la force
se jouait impunément du droit et de la justice, il
était consolant pour les faibles de penser qu'ils
avaient auprès de Dieu un intercesseur qui veil-
lait sur eux et pouvait les protéger contre la vio-

lence. Chaque monastère était placé sous l'invocation d'un saint ; il était non-seulement leur protecteur dans le ciel, mais encore, par les offrandes
des fidèles miraculeusement guéris, leur bienfaiteur sur la terre (1) ? La communauté le regardait
comme un de ses membres, et le culte qu'elle lui
rendait était mêlé d'une tendresse toute familière (2). Sous l'empire de ces sentiments, on ac-
ceptait, sans contrôle, toutes les traditions qui se
rapportaient à la vie du saint que l'on avait choisi
ou que l'on avait reçu pour patron. Plus les faits
étaient surprenants, plus ils témoignaient en faveur
de sa sainteté et de sa puissance. « Souvent aussi,
comme le remarquent les auteurs de l'Histoire littéraire de la France, les reliques venaient de très-
loin. On ignorait absolument l'histoire des saints
à qui elles appartenaient ; il fallait cependant des
actes pour lire au jour de leur fête ; on en composait de son chef, où l'on tâchait, toujours à
bonne intention, de joindre le vraisemblable au
merveilleux ; quelquefois on puisait dans les actes
des autres saints, et on les confondait les uns avec
les autres (3). » Il paraît que cette pieuse licence

(1) *Vita S. Maximini*, c. 12.
(2) Epist. 53.
(3) *Hist. littér. de la France,* t. IV, p. 274.

avait déjà, du temps de l'abbé de Ferrières, compromis l'autorité des légendes auprès des lecteurs
éclairés; car, dans l'épître dédicatoire à l'abbé
Brunon et aux moines d'Heyfeld, qui l'avaient
prié d'écrire la vie de saint Wigbert, il a bien soin
d'établir ses droits au titre de narrateur véridique.
« Quoique les faits, dit-il, que je raconte dans
le présent opuscule, la huit cent trente-sixième
année de l'Incarnation du Seigneur, aient été accomplis il y a quatre-vingt-dix ans, ils ne doivent
pas pour cela être regardés comme moins certains :
tout homme un peu instruit sait que Salluste et
Tite-Live ont rapporté, d'après ce qu'ils avaient
lu ou entendu dire, beaucoup de faits qui avaient
précédé leur temps; et, pour citer les auteurs chrétiens, saint Jérôme a écrit la vie de Paul qui lui
était très-antérieur, et l'évêque Ambroise le mar-
tyre de la vierge Agnès, qui n'était pas assurément sa contemporaine. Ce n'est pas un fait
nouveau, ni le seul de ce genre qui ait besoin
d'excuse, que la négligence de nos ancêtres à per-
pétuer le souvenir des actions d'un homme re-
marquable; nous savons que ce n'est pas seulement à une époque récente, mais dans des temps
beaucoup plus anciens, qu'on a négligé de consi-
gner le souvenir des faits les plus importants. Je

ne vois donc pas pourquoi on ne me croirait pas;
car si, jusqu'à présent, on a eu tort de ne point
raconter les vertus de cet éminent personnage, je
n'en suis pas responsable; et, d'ailleurs, je ne
présente à ceux qui voudraient me lire, que des
faits qui vous sont avérés et que vous m'avez
fournis; » et il ajoute cette observation, qui révèle l'humaniste passionné pour la belle latinité :
« Si des noms d'hommes ou de lieux apparte-
nant à la langue germanique altèrent par leur
âpreté la douce harmonie du latin, le lecteur instruit aura assez de bienveillance pour le tolérer et
pour se souvenir que je n'écris point un poëme
dans lequel, par une licence permise, on mutile
quelquefois les noms pour les accommoder à la prononciation de la langue latine; mais de l'histoire
qui ne souffre pas qu'on l'obscurcisse par des ar-
tifices de langage et des figures de mots. »

Sous la plume de l'abbé de Ferrières, la légende perd la simplicité et les grâces un peu naïves
qui lui sont propres, pour prendre une forme plus
grave et plus méthodique. Toute la partie de la
légende, où il raconte la vie de saint Wigbert, est
écrite dans le ton et le style de l'histoire; les di-
gressions auxquelles il se livre ne s'éloignent pas
trop du sujet et ne sont pas hors de proportion avec

le cadre de son œuvre : on sent que l'étude des anciens l'a initié aux règles de la composition. Le merveilleux ne commence qu'après la mort de Wigbert. En abordant cette partie tout-à-fait caractéristique de la légende, l'abbé de Ferrières fait quelques réflexions qui attestent de sa part une certaine liberté d'esprit et une connaissance approfondie du cœur humain. Les miracles que Dieu accomplit par les saints pour les honorer après leur mort, lui semblent bien préférables à ceux qui se rapportent à la période de leur vie mortelle, quelle qu'ait été du reste la pureté de leurs sentiments. « Ici-bas, ils étaient sujets à la tentation et pouvaient craindre une chute ; mais, la mort les ayant affranchis des faiblesses humaines, leur gloire est d'autant plus grande, qu'elle est à l'abri de toute atteinte : en faisant des miracles de leur vivant, ils s'exposaient, non sans quelque danger, aux applaudissements des hommes ; tandis qu'après leur mort, l'éclat de leur sainteté ne peut être obscurci même par l'apparence de la vanité (1). » Enfin, l'abbé de Ferrières avertit le lecteur que les miracles qu'il va raconter n'ont été relatés dans aucun écrit ; ils ont été publiés

(1) *Vita S. Wigberti*, c. 12.

partout, et le souvenir s'en est conservé jusqu'à
lui; à ce titre, il les croit dignes de foi. Il y a,
dans le récit de la translation des reliques de saint
Wigbert, plus d'art qu'on n'en trouve chez la plupart des écrivains de la seconde moitié du ixe siècle. A la variété des tours et des expressions, il est
facile de reconnaître l'humaniste nourri de la lecture des historiens anciens. Outre des modèles de
style narratif, l'abbé de Ferrières avait souvent
rencontré dans Tite-Live bien des faits merveilleux. Chose singulière! dans un siècle où le scep-
ticisme a déjà envahi les âmes, Tite-Live, animé
d'une sorte de foi patriotique, raconte sans les dis-
cuter toutes les fables que la tradition rattache aux
premiers âges de Rome, pour montrer les dieux
protégeant le peuple-roi dès son berceau; tandis
que l'abbé de Ferrières, à une époque de foi,
s'inquiète de l'authenticité des faits surnaturels
qu'il rapporte. Après avoir décrit les miracles
qui s'étaient accomplis sur le tombeau de saint
Wigbert, Servat-Loup, s'adressant à l'abbé Brunon, lui dit : « Voici complétement terminé l'ouvrage que j'ai entrepris à votre prière : je n'ai pris
rien de suspect à des sources étrangères : je me
suis borné à exposer, sans m'écarter du sentier
de la vérité, les faits que vous m'aviez prié de ré-

véler (1). » Pour l'abbé de Ferrières, qui a la prétention d'écrire de l'histoire, en racontant la vie de saint Wigbert, la recherche de la vérité semble être une préoccupation plutôt littéraire que religieuse : c'est par là qu'il se distingue des autres hagiographes.

La vie de saint Maximin est une véritable légende : le merveilleux s'y trouve mêlé à tous les faits, avec la simplicité des époques de foi naïve (2) ; elle diffère de la légende de saint Wigbert, moins par la forme que par le fond. L'auteur, dans une courte préface, se plaint de la rareté et du peu de certitude des documents ; il reconnaît même qu'ils ressemblent parfois à des fables, et déclare qu'il retranchera tout ce qui lui paraîtra peu digne d'être raconté ; mais, en rapportant les faits surnaturels, ou il oublie d'exercer ce droit d'examen, ou il est bien crédule. Une critique plus éclairée, sans s'écarter pour cela des croyances du temps, a présidé au choix des miracles dans la vie de saint Wigbert. Le style de la légende de saint Maximin est correct et pur, mais le récit est quelquefois diffus ; les mêmes réflexions reviennent à

(1) *Vita S. Wigberti*, § 512.
(2) *Vita S. Maximini.*

de courts intervalles. Ce défaut est surtout marqué dans le récit de la translation des reliques de saint Maximin ; ce n'est pas le goût châtié et la précision exempte de sécheresse qui distinguent la légende de saint Wigbert. La ressemblance du style entre les deux légendes est pourtant le principal argument, à défaut de preuves directes, sur lequel s'appuient quelques savants pour compter la vie de saint Maximin parmi les œuvres de l'abbé de Ferrières : telle est l'opinion de Baluze, quoiqu'il y relève, avec une certaine vivacité d'expression, des erreurs de toute nature, qu'il trouve étranges de la part de Servat-Loup. Les auteurs de l'Histoire littéraire de la France semblent, avec plus de raison, attribuer cette légende à Loup, évêque de Châlons-sur-Marne, qui vivait dans la seconde moitié du ixe siècle (1).

L'œuvre la plus importante de l'abbé de Ferrières, après les lettres, est son traité sur les trois questions. Lorsque le moine Gottscalk avait consulté Servat-Loup sur l'hérésie, qui prétendait que les élus pourraient voir Dieu des yeux du corps, l'abbé de Ferrières, comme s'il eût pressenti qu'un jour il porterait le trouble dans l'E-

(1) *Hist. litt.*, t. IV, p. 192; t. V, p. 266.

glise, lui avait adressé ces salutaires conseils : « **Je vous exhorte à ne point fatiguer davantage votre esprit sur de telles matières, dans la crainte qu'absorbé par elles au delà de ce qu'il convient, vous manquiez de force pour rechercher ou pour apprendre des choses plus utiles. A quoi bon poursuivre ce qu'il ne nous est peut-être pas avantageux de connaître (1).** » Gottscalk, entraîné par son penchant pour les questions les plus ardues de la métaphysique, provoqua l'an 847 la discussion sur la double prédestination, le libre arbitre et le prix du sang de Jésus-Christ. Il est à remarquer que cette controverse théologique, qui n'est au fond que le problème philosophique de la liberté humaine et de la prescience divine, a surtout agité les esprits aux époques de l'histoire marquées par de grands bouleversements dans la société. Ces catastrophes agissent diversement sur l'esprit des hommes qui en sont les témoins et les victimes. Les uns, comme s'ils étaient dominés par l'idée d'une nécessité fatale, subissent leur destinée avec indifférence ; les autres, et c'est le plus petit nombre, se raidissent contre le malheur, en faisant appel à l'énergie de la volonté humaine. Cette

(1) Epist. 30.

double disposition n'amène-t-elle pas naturellement les esprits à l'examen du problème de la liberté humaine et de la prescience divine ? Au vᵉ
siècle, pendant les invasions des barbares, elle
suscite la lutte de saint Augustin contre le moine
Pélage : au ixᵉ, pendant les dévastations des Normands et la dissolution de l'empire carlovingien,
elle divise en deux camps les évêques et les théologiens les plus éclairés de la Gaule et de la Germanie.

Servat-Loup entra en lice au plus fort du débat
(850). Il explique dans la préface de son livre les
motifs qui l'ont déterminé à traiter ces questions
et la méthode qu'il suivra pour les résoudre.
« Ayant appris, dit-il, qu'en Italie et en Gaule,
si la foi n'était pas ébranlée, du moins la croyance
de quelques-uns était troublée par les opinions
nouvelles qui étaient professées sur la double prédestination, le libre arbitre et le prix du sang de
Jésus-Christ, j'ai voulu venir en aide à ceux qui
ne pouvaient arriver par eux-mêmes à quelque
certitude sur ces questions. Après avoir invoqué
le nom de Dieu, qui nous a donné non-seulement
l'être, mais la faculté de connaître, j'ai eu recours
d'abord à la parole divine, dont l'autorité est reconnue par l'universalité des fidèles ; ensuite, j'ai

cherché longtemps et avec soin ce que les commentateurs les plus illustres et les défenseurs les plus solides de la parole de Dieu ont pensé sur ces matières. » Loup de Ferrières ne s'écarte pas de la méthode qu'il s'est tracée ; son traité est une compilation de passages de l'ancien et du nouveau Testament, qu'il explique et commente pour en tirer des arguments en faveur des opinions qu'il soutient ; il y joint des extraits des Pères de l'Eglise, et principalement de saint Augustin. Toutes ces parties sont étroitement liées entre elles, de manière à former un tout uniforme. Il y a de l'ordre, de la précision et beaucoup de clarté : mais ce n'est point un ouvrage original, en ce sens qu'il se borne à reproduire, sans y rien ajouter, l'argumentation de saint Augustin. L'abbé de Ferrières a, sur les écrivains de son temps qui ont traité les mêmes questions, une double supériorité, l'élégance du style et des formes polies et courtoises. La première de ces qualités était, en grande partie, le fruit de son commerce assidu avec les auteurs de l'antiquité, pour lesquels il professe une si vive admiration dans ce passage de son traité, où, après avoir cité Cicéron et Virgile à propos de la nécessité de la grâce, afin de montrer que les païens mettaient en eux-mêmes

tout espoir, il s'écrie : « Tu aurais dû dire : ô
Cicéron ! on trouve tous les biens dans le vrai Dieu
et non en soi-même ; et alors tu nous aurais
charmés moins par l'éclat du style que par l'exac-
titude de la pensée ! Virgile aussi... que n'a-t-il
dit : le vrai Dieu est notre espoir, au lieu de : chacun de nous n'a d'espérance qu'en soi. Que n'a-
t-il eu la foi ! » Son enthousiasme pour les lettres
antiques ne lui fait pas méconnaître le mérite des
grands écrivains du christianisme ; il les regarde
comme supérieurs en sagesse aux païens et comme
leurs égaux pour l'éloquence ; et il place au premier rang saint Cyprien, saint Augustin, saint
Jérôme et saint Ambroise. Dans la plupart des
ouvrages suscités par cette querelle théologique,
les personnes sont traitées avec peu de ménage-
ments ; il y a une vivacité de langage où se révèle
la rudesse des mœurs barbares. L'abbé de Ferrières est au contraire plein de modération à l'é-
gard de ses adversaires ; il tempère l'amertume de
la contradiction par la douceur de l'éloge : une
seule passion l'anime, l'amour et la recherche de
la vérité. La lecture des œuvres de Cicéron, dans
lesquelles sont discutés avec tant d'urbanité les
divers systèmes des philosophes, a dû exercer une
salutaire influence sur son esprit naturellement

porté à la modération : aussi invoque-t-il l'autorité
de l'orateur romain à la fin de l'exhortation pressante qu'il adresse à ses adversaires pour les ramener à la vérité. « Cessons , leur dit-il , toute
parole de controverse ; qu'une puérile vanité ne
nous fasse pas lutter les uns contre les autres,
pour la vaine gloire du triomphe, de peur de mériter le blâme de l'Apôtre : — Ne disputez pas en
paroles, cela ne tend qu'à troubler ceux qui vous
écoutent. Nous n'avons qu'un seul Maître céleste,
qui est la source de toute vérité. Recherchons
avec paix et humilité, non ce qui est de notre invention, mais ce qui est son enseignement. Si quelques-uns sont ébranlés moins par notre discussion
que par le témoignage des auteurs les plus illustres, qu'ils ne dédaignent pas de changer de sentiment ; on doit rougir de ne pas renoncer à l'erreur aussitôt qu'on l'a reconnue et non de s'être
trompé. C'est ce que le grand orateur Cicéron
montre à propos par son exemple, quand il dit :
Si nous avons omis par inadvertance quelque opinion exprimée par nos devanciers ou que nous
paraissions avoir adopté une erreur, nous nous
laisserons instruire volontiers et nous changerons
d'avis ; il n'est pas honteux d'ignorer quelque

chose, mais de s'opiniâtrer longtemps et sans raison dans ce qu'on ne sait pas assez ; car, si l'un
tient à l'infirmité de l'esprit, l'autre doit être at-
tribué à un défaut personnel (1). »

Ce traité est suivi d'un recueil de passages des
Pères, dont Servat-Loup n'avait pas cru devoir
faire usage, dans la crainte d'être trop diffus. Ces
passages sont empruntés aux papes Innocent, Cé-
lestin, saint Grégoire ; aux Pères de l'Eglise, saint
Augustin, saint Jérôme, à Philippe, un de ses disciples, à saint Fulgence, à Isidore de Séville et à
Bède ; mais la plupart appartiennent à saint Augustin.

Le recueil des canons ou capitulaires, que l'abbé
de Ferrières fut chargé de rédiger par les évêques
du concile de Verneuil, se distingue des ouvrages
de la même nature par la clarté, la correction et
même l'élégance du style ; mais ces qualités ne
se retrouvent pas au même degré, dans les homélies et surtout dans les hymnes composées en
l'honneur de saint Wigbert. Il est juste de dire
que ces ouvrages ne sont attribués à l'abbé de Ferrières que sur de simples conjectures. L'une des

(1) *Patrologia*, t. **CXIX.** Liber de tribus quæstionibus, p. **644.**

deux hymnes est en vers rythmiques, l'autre en
strophes saphiques (1). L'abbé de Ferrières, quoique très-versé dans la connaissance des règles
de la prosodie, était plus habile, si on le juge
d'après ces deux hymnes, à écrire en prose qu'en
vers. Quant aux deux homélies réunies, elles
forment un tout conforme aux règles de ce genre
de composition; séparées, elles sont incomplètes;
ce qui fait supposer, avec quelque raison, aux
auteurs de l'Histoire littéraire (2), qu'elles n'en
faisaient originairement qu'une; elles leur paraissent aussi, par les pensées et par le style, être
une œuvre de la jeunesse de l'abbé de Ferrières.

En général, les ouvrages de Servat-Loup se
font plutôt remarquer par la correction de la forme
que par l'originalité du fond. Il a du goût, un
jugement droit et une certaine finesse d'observation : il met habilement en œuvre les idées qu'il
emprunte aux autres; mais l'invention semble lui
avoir fait à peu près défaut.

III. — Parmi les lettres de l'abbé de Ferrières,
il y en a quelques-unes qui ne traitent ni de lit-

(1) Voir Weil et Benloev, *Théorie générale de l'accentuation latine*, p. 260.

(2) *Hist. littér. de la France*, t. V, p. 269.

térature ni d'affaires politiques ou religieuses ; ces
lettres, par leur caractère privé, ont aussi de l'importance ; elles permettent d'apprécier d'une manière plus complète l'homme et l'écrivain. La vie
austère et studieuse du cloître n'a point fermé le
cœur de Servat-Loup aux affections humaines :
l'homme se retrouve sous l'habit monastique. Dans
l'ordre des sentiments qu'autorise sa profession, il
place la piété filiale et l'amitié au premier rang,
et il élève encore plus haut ces deux sentiments,
en leur imprimant un caractère religieux. C'est par
cette recommandation si touchante dans sa simplicité « priez pour mon père, priez pour ma
mère, » qu'il termine ses lettres au compagnon
de ses études, Altuinus (1). L'amitié, qu'il appelle
un don du ciel (2), fait le charme de sa vie : nul
n'a été plus que lui sincèrement attaché à ses amis :
il s'afflige de leurs peines (3) et se réjouit de leurs
succès (4) ; si leurs témoignages d'affection le tou-
chent vivement (5), leur silence prolongé l'inquiète, et, par de doux reproches, il stimule leur

(1) Epist. 20.
(2) Epist. 112.
(3) Epist. 2, 52.
(4) Epist. 22, 91.
(5) Epist. 41.

paresse ou leur froideur (1). Pour traduire ces
divers sentiments, il emprunte à propos des images et des expressions ingénieuses et délicates à
ses souvenirs classiques (2). Une seule fois son érudition l'égare après un début irréprochable. Eginhard venait de perdre sa femme Imma : « J'ai été
atterré, lui écrit aussitôt l'abbé de Ferrières, par
la nouvelle de la mort de votre vénérable épouse.
Plus que jamais, je voudrais être maintenant auprès de vous : la part que je prendrais à votre douleur vous aiderait à en supporter le poids ; ou bien
mon langage, s'inspirant de la parole divine, ne
cesserait de vous consoler. En attendant que Dieu
nous rapproche, ayez présente à l'esprit la condition que le péché a faite aux hommes, et acceptez
avec sagesse et fermeté l'épreuve qui vous arrive.
Vous ne devez point céder au malheur, vous qui
avez montré tant de force d'âme au milieu de la
prospérité (3). » — Eginhard lui répond : « Tous
mes travaux, tous mes soins pour les affaires de
mes amis et pour les miennes ne me sont plus
rien : tout s'efface, tout s'abîme devant la cruelle

(1) Epist. 57.
(2) Epist. 32.
(3) Epist. 2.

douleur dont m'a frappé la mort de celle qui fut
jadis mon épouse fidèle, qui était encore ma sœur
et ma compagne chérie. C'est un mal qui ne peut
finir; car ses mérites sont si profondément enra-
cinés dans ma mémoire, que rien ne saurait les
en arracher : ce qui redouble mon chagrin et en-
venime chaque jour ma blessure, c'est de voir que
tous mes vœux n'ont eu aucune puissance, et que
les espérances que j'avais fondées sur l'intervention des saints martyrs, sont déçues (1). » Jusque-
là le langage de l'amitié et celui de la douleur ont
été simples et francs ; mais Eginhard explique ensuite longuement et méthodiquement pourquoi les
paroles de consolation qui souvent ont réussi auprès des autres hommes, ne font qu'ulcérer cruellement la plaie de son cœur, et l'abbé de Ferrières
reprenant ses arguments un à un et dans le même
ordre, essaie de les combattre avec des passages
tirés de Virgile, de saint Augustin et de l'Écriture
sainte. Cet entretien, commencé sur le ton de la
douleur, finit par une sorte de joûte littéraire :
Servat-Loup, satisfait du rôle qu'il y a joué, écrit
à son ami : « Lisez, je vous prie, le livre xxxi de
la Cité de Dieu de saint Augustin, et voyez si ce

(1) Epist. 3.

divin génie n'a point, en pareille circonstance, pensé ce que j'ai dit. Je ne l'avais point lu ; plus tard, je l'ai parcouru, et, à ma grande surprise, je me suis si bien rencontré avec lui, que le style semble être le même (1). » Ce cas excepté, et il a pour excuse l'exemple d'Eginhard, l'abbé de Ferrières est toujours simple et sobre dans l'expression des sentiments affectueux : c'est par des mots sortis du cœur qu'il témoigne sa reconnaissance et sa profonde vénération pour son protecteur l'archevêque Aldric (2), et pour son ancien maître Raban Maur (3). Aussi condamne-t-il avec une rude franchise l'exagération dans l'éloge : « Si vous devez encore m'écrire, dit-il à Gottscalk, ne m'accablez pas de louanges fausses ou superflues, mais priez Dieu plutôt qu'il m'inspire toujours le désir de lui plaire, et qu'il me réserve le fruit de mes mérites pour le moment où il fera à chacun de nous sa part d'éloges (4). »

Aux qualités du cœur, Servat-Loup joignait certaines qualités de l'esprit, qu'il est rare de trouver chez des peuples encore barbares. Les lettres

(1) Epist. 5.
(2) Epist. 41.
(3) Epist. 40.
(4) Epist. 50.

XXVII et XXXV sont des modèles de tact, de finesse et de saine philosophie. La première est une
réponse à l'évêque d'Orléans Jonas, qui l'avait
prié de corriger un de ses ouvrages : « J'ai lu votre livre, lui dit-il : pour vous rendre ma pensée en peu de mots, je n'ai voulu rien changer,
vous laissant à vous-même le soin de corriger l'ouvrage dont vous êtes l'auteur, car j'ai dû prendre
en considération d'une part ma jeunesse, et de
l'autre votre âge et votre rang; je n'ai pas cru devoir imiter ce que nous remarquons chez quelques
personnes qui sont si promptes à la critique et
semblent y prendre plaisir (1). » La lettre **XXXV**
est adressée au moine Ebrard, son parent, qui,
depuis longtemps, le sollicitait de lui envoyer un
morceau de sa composition, sinon instructif, du
moins amusant. Servat-Loup s'excuse d'abord de
n'avoir pas cédé plus tôt à ses instances, puis il l'a-
vertit qu'il ne fera aucun effort d'imagination
pour le choix du sujet, et moins encore pour l'é-
légance et l'habile arrangement des mots, et qu'il
développera la première idée qui lui viendra à
l'esprit. Après ce début, qui n'est qu'un artifice
de style pour donner l'apparence de l'imprévu à

(1) Épist. **27**.

une satire préméditée, il ajoute : « Je vois avec
beaucoup de plaisir qu'un certain nombre d'esprits
cultivent avec ardeur la sagesse qui commence à
renaître dans nos contrées ; mais une chose me
touche vivement, c'est que quelques-uns d'entre
nous faisant deux parts dans la sagesse, s'attachent à l'une et rejettent l'autre avec dédain. Or,
du consentement de tous, il n'y a rien dans la
science qu'on puisse ou qu'on doive répudier. Nous
sommes évidemment en contradiction avec nous-
mêmes, et nous manquons de sagesse en recher-
chant la sagesse ; en effet, la plupart lui demandent la beauté du style, et un petit nombre se propose, chose plus utile, de se former par elle à la
vertu ; nous craignons les fautes de langage et
nous nous efforçons de nous en corriger ; mais
nous ne faisons que peu d'attention aux fautes de
conduite et nous les multiplions : aussi convient-
il que celui qui met la science au-dessus de la
sainteté n'ait point part à la nourriture que donne
la sagesse et soit condamné à une mortelle inani-
tion. » Il termine en exhortant Ebrard à mettre
ses pensées en Dieu, sans négliger, pour cela, les
arts honnêtes et dignes d'exercer l'intelligence (1). »

(1) Epist. 38.

Pour Servat-Loup, le culte des arts et des lettres n'est point une étude spéculative; il est tout pratique; il est chrétien.

Ce tact et cet esprit d'à-propos servent à merveille l'abbé de Ferrières dans le rôle de solliciteur qu'il remplit souvent et avec une habileté consommée. Veut-il obtenir du roi d'Angleterre Edilulf du plomb pour couvrir l'église de son monastère ; il lui vante la bonne administration de ses états et les succès qu'il a remportés sur les ennemis du christianisme (1). Est-il chargé d'une mission auprès du souverain Pontife ? il prend des informations sur ses goûts, puis il écrit à l'abbé Marcward : « Je vais à Rome dans un but de piété et pour traiter quelques affaires ecclésiastiques, dont j'entretiendrai votre paternité, quand, avec l'aide de Dieu, je serai de retour. Mais comme pour mener à bien cette négociation, j'aurai besoin de la protection du Pape, et que les présents sont le moyen le plus sûr de l'obtenir, je me réfugie dans votre sein paternel ou plutôt maternel : vous ne m'avez manqué dans aucun de mes besoins : daignez venir encore à mon aide, en m'envoyant, si vous le pouvez, par les messagers qui vous re-

(1) Epist. 13.

mettront cette lettre, deux sayes bleues et deux
de lin, en allemand glizza; car j'ai appris que le
Pape les aime beaucoup et trouve ce présent très-
agréable. Si vous éprouvez quelque difficulté à
me procurer le tout, je me contenterai de la moitié. Nous connaissons la littérature profane : —
Il faut demander beaucoup pour avoir peu : et
pour que vous ne vous imaginiez pas que la ma-
tière ait fait défaut à notre esprit, nous ajouterons
que si vous nous donniez pour notre voyage une
haquenée ou un cheval vigoureux, nous vous en
serions très-reconnaissant; si je n'obtiens rien, je
m'en consolerai, pourvu que vous et notre fils
Egil, vous lisiez cette lettre sans rire (1). » Dans
le choix des présents, Servat-Loup ne consulte pas
seulement le goût de la personne à laquelle ils
sont destinés, il recherche aussi le fréquent usage
qu'elle en peut faire, comme une garantie contre
l'oubli, témoin le cadeau singulier et le plaisant
billet qu'il envoie à l'évêque Ebroin, en lui demandant son appui auprès de l'archi-chapelain du
Palais (2).

(1) Epist. 68.
(2) Epist. 59. — Misi vobis eburneum pictinem, quem quæso,
ut in vestro retineatis usu, quo inter pectendum arctior vobis mei
memoria imprimatur.

Les troubles civils et les dévastations des Normands, en rendant précaires les existences jettent un voile de tristesse sur cette société du ixᵉ siècle. Servat-Loup comprend mieux que personne la gravité de la situation ; mais il a dans le caractère un fond de gaîté qui perce en dépit des malheurs du temps, et se révèle même au sein de la détresse qui afflige son monastère. « Renvoyez-moi Folchricus et Maur, écrit-il à l'abbé de Prum, afin qu'ils boivent avec nous (on prévoit une mauvaise récolte en vin) de ce poiré qui fait leurs délices. A vrai dire, cette boisson nous manquera peut-être à cause de la rareté des fruits ; et la disette de blé ne permet guère de compter sur la cervoise. Nous ferons donc tous usage de cette boisson naturelle, qui procure quelquefois la santé de l'âme et du corps : nous ne la puiserons pas dans une boueuse citerne, mais au fond d'un puits limpide, ou dans le cours d'un clair ruisseau (1). » Ailleurs, ses souvenirs d'érudit donnent à ce badinage une tournure piquante : « Notre Démosthène, dit-il en parlant d'un moine qui cultivait l'art oratoire, manque souvent de choux ; il mange de temps en temps du pain de recoupe, et, faute de vin, il est

(1) Epist. 109.

réduit à boire avec plaisir de la cervoise ; certes, il est bien supérieur à Tullius ; car ce que celui-ci souffrait en rêve, il l'endure éveillé. Aussi sa poitrine s'affaiblit ; il néglige la voix ; il oublie l'action, ce moyen oratoire recommandé par la rhétorique, heureux qu'il est de conserver la vie (1). » Il serait facile de trouver, dans les lettres de Servat-Loup, d'autres échantillons de cette gaîté douce et franche, par exemple, les traits qu'il lance contre le médecin (2) de son monastère, qui se vante de connaître et de guérir toutes les maladies ; le message à la Bellérophon, qu'un de ses courriers est chargé de remettre à l'abbé de Corbie (3), et

(1) Epist. 46.

(2) Epist. 60 ad Marcwardum. — In pueris multum nobis præstiteritis, si quod cœpistis paterna pietate non gravemini consummare. Capitis autem dolorem nepoti meo parcitas potus forsitan detrahet, si ejus appetentior fuerit deprehensus, alioqui nostro curandus reservabitur medico, qui omnes, quarum nullam non ignorat, depellere se posse infirmitates.

(3) Epist. 111 ad Odonem. — Persica quæ pollicitus sum per cursorem, quem jam bene cognoscitis, misi. Ea si, ut vereor, voraverit, vel vi sibi erepta questus fuerit, extorquete precibus, ut vel ossa tradat, nisi tamen et ipsa consumpserit, ut jucundissimorum persicorum sitis quandoque participes.

Epist. 127 ad eumdem. — Cursor noster, donec veniamus, pauperis apud vos locum implebit: et si permissus fuerit, observabit fragmenta, ne pereant: pocula etiam, ne gratiam amittant humore siccabit.

surtout les compliments ironiques qu'il adresse à
ce même abbé sur sa fougue juvénile qui le pré-
cipite au milieu des combats (1). Sauf l'amitié, où
il veut que tout soit sérieux, pensées et style, Servat-Loup admet volontiers sur les choses humaines
le ton de la plaisanterie, comme un exercice ou
comme un passe-temps agréable (2).

Il s'en faut néanmoins qu'il s'abandonne en
toute circonstance à son penchant naturel : avant
tout, il est de son temps; à la vue des désordres
qui menacent la société d'une dissolution pro-
chaine, son âme s'attriste, et il laisse échapper ce
cri précurseur de l'effroi qui s'emparera de la société à l'approche de l'an mil : « Le monde in-
cline vers le couchant (3). » Mais il pressent aussi
et il proclame avec le même bonheur d'expression la grande unité du moyen-âge, lorsqu'il dit
aux évêques de la Gaule et de l'Italie, en leur re-
commandant le moine Dolivaldus qui se rend à
Rome : « Quoique la vaste étendue des terres nous
sépare en divers lieux, l'amour de celui qui nous
fait tous habiter par la foi dans son Église, nous

(1) Epist. 111.
(2) Epist. 112.
(3) Epist. 102.

unit par le lien de la religion; il convient que partout où Dolivaldus rencontrera sa religion, c'est-
à-dire le christianisme, il reconnaisse aussi sa patrie (1). » Pour Servat-Loup, la patrie ne se perd
pas au sein de cette vaste unité religieuse; c'est en
invoquant les souvenirs du sol natal, qu'il réclame
en Italie les bons offices de ses compatriotes (2);
c'est encore sous l'inspiration de ce noble sentiment, qu'il met dans la bouche de la reine Irmintrude cette pieuse recommandation adressée à
l'évêque de Laon, Pardulus : « Nous demandons
à votre bonté d'implorer la clémence de Dieu pour
ceux qui ont succombé en défendant la patrie, et
de porter secours, dans toute l'étendue de vos
moyens, à ceux qui ont survécu (3). » L'idée de
patrie se trouve rarement exprimée dans les ouvrages du ixe siècle. Sans aucun doute, le sentiment de la nationalité existait chez les peuples que
Charlemagne avait réunis sous son autorité,
puisque, après sa mort, ils détruisirent son œuvre
pour se constituer en corps de nations distinctes et
séparées; mais ils étaient peut-être encore trop

(1) Epist. 101, 106.
(2) Epist. 67.
(3) Epist. 89.

près de l'état barbare pour avoir l'idée abstraite et complexe de patrie, telle que les anciens la concevaient. Si l'abbé de Ferrières se montre par la conception de cette idée supérieur à ses contemporains, il le doit probablement à l'étude des écrivains de l'antiquité; il leur doit non-seulement ces sentiments élevés, mais encore la justesse d'esprit et la finesse d'observation qui font de ses lettres un monument si curieux pour l'histoire politique, religieuse et littéraire du ixᵉ siècle.

Le style épistolaire de l'abbé de Ferrières est facile et abondant : on pourrait lui reprocher, excepté dans les lettres familières où il se livre à un léger badinage, l'abus des longues phrases ; il est évident qu'il s'est étudié à imiter plutôt la période cadencée des discours que la phrase vive et rapide des lettres de Cicéron, son auteur favori. Quoique son latin soit en général correct et pur, il se glisse quelquefois sous sa plume des expressions qui n'appartiennent pas à la langue des beaux siècles de Rome, ou dont le sens est tout-à-fait opposé à celui qu'il leur donne (1) ; enfin, quelques locutions, qu'il détourne de leur véritable

(1) Il donne à *continens* le sens de détroit, Epist. 15 ; et à *mediterraneum* celui de maritime. Epist. 15.

emploi, indiquent la présence ou la formation d'un idiome nouveau (1). Malgré ces défauts, l'abbé de Ferrières se place pour l'élégance du style à la tête des écrivains du ixe siècle; Eginhard, son maître et son ami, est le seul qui puisse lui être comparé.

(1) Il emploie fréquemment *hinc* dans le sens du français *en*, par exemple :

Epist. 30. — Quid ego *hinc* sentiam desideras experiri. — Epist. 5. — Certam *hinc* nullius reperio regulam. — De même *unde* dans le sens de *dont*. — Epist. 34. — Mulier desinit in *er* correptam, *unde* nulla dubitatio est.

CONCLUSION.

Avant de terminer cette étude, nous résume-
rons, en quelques mots, les aperçus historiques
et littéraires de la science moderne, auxquels les
lettres de l'abbé de Ferrières nous semblent ap-
porter une preuve et des développements nouveaux.

La seconde moitié du ixe siècle est une époque
de transformation : les divers éléments, dont se
compose la société, entrent en lutte les uns avec
les autres. Les seigneurs s'affranchissent de l'autorité du roi, et convoitent les biens du clergé régulier ; les évêques, tout en protégeant les communautés religieuses contre l'avidité des seigneurs,
tentent de s'emparer de la juridiction temporelle
des monastères. Dans ces circonstances difficiles,
il aurait fallu un souverain doué de beaucoup
d'énergie pour mettre un frein à l'ambition de la
noblesse et de l'épiscopat ; le souvenir de Charlemagne avait protégé la faiblesse de son successeur ;
mais, sous Charles-le-Chauve, cette force toute
morale disparaît, et ce prince n'avait aucune des
qualités qui pouvaient y suppléer ; aussi la féoda-

lité s'introduit dans l'Eglise comme dans l'Etat.

Outre les dangers qui menacent sa liberté et ses moyens d'existence, le clergé régulier est en proie à des dissensions intestines et souffre cruellement des ravages des Normands. Par sa constance et par la nature même de son organisation, qui répond à certains besoins religieux et matériels du temps, il survit à cette crise et répare même assez promptement les pertes qu'il a essuyées.

Les désordres de l'état social, en portant le trouble dans les esprits, arrêtent le mouvement intellectuel auquel Charlemagne avait donné une si forte impulsion. Mais, grâce aux hommes studieux qui ont recueilli et accru l'héritage littéraire de leurs devanciers, le flambeau des lettres répand un assez vif éclat, au moment même où il semble près de s'éteindre.

Enfin, cette étude nous a fait connaître un des personnages de la seconde moitié du ixᵉ siècle, qui, par les qualités de l'esprit et du cœur et par l'aménité du caractère, représente le mieux l'heureuse influence de la civilisation que Charlemagne, en réveillant le culte des lettres, avait essayé d'étendre à la société rude et grossière de son temps.

APPENDICE.

L'édition la plus complète et la plus correcte des œuvres
de l'abbé de Ferrières a été donnée par Baluze, 1 volume
in-8º. Elle comprend les lettres, le traité sur les trois
questions, le recueil des passages extraits des Pères de
l'Eglise, la vie de saint Wigbert, celle de saint Maximin,
les deux homélies et les deux hymnes composées en l'honneur de saint Wigbert. Les lettres sont au nombre de cent
trente. La IIIe et la XCIXe n'appartiennent pas à Loup :
la première lui a été adressée par Eginhard, la seconde
est une réponse du synode de Sens à la lettre XCVIII que
l'Eglise de Paris avait chargé Loup d'écrire à l'archevêque
Wénilon et à ses suffragants, pour leur notifier l'élection
de l'évêque Enée : La LXXXIVe est une menace d'excommunication faite par le concile de Paris au duc des Bretons, Noménoé ; d'autres sont écrites au nom de la reine
Irmintrude (LXXXIX, XCV), de l'archevêque de Sens (CI,
CXV, CXXX, LXXXI) des abbés Odon (XXIII, XXIV, XXV),

et Marcward (LXXII); enfin, la c^e est moins une lettre qu'une admonition destinée à être lue dans les églises pour exhorter les fidèles au respect des propriétés et à la concorde. Papire le Masson publia, le premier, en 1588, les lettres de l'abbé de Ferrières, 1 vol. in-8°. En 1618, elles étaient reproduites dans la Bibliothèque des Pères de Cologne, t. IX; Duchesne les inséra au tome II des Historiens originaires de la France. Cette édition, moins imparfaite que les deux précédentes, laissait encore beaucoup à désirer. En 1664, Baluze publia, sur un ancien manuscrit, les lettres et les opuscules de Loup, et il accompagna le texte de notes pleines de lumières et d'érudition. Le texte seul passa plus tard dans la Bibliothèque des Pères de Lyon. D. Bouquet n'a imprimé que soixante-trois lettres dans le VIIe vol. des Historiens des Gaules et de la France; mais il a déterminé la date de chacune d'elles, et il les a classées par ordre chronologique. La dernière édition des OEuvres de l'abbé de Ferrières, a paru en 1852, dans la Patrologie publiée par l'abbé Migne : elle n'est que la reproduction du texte et des notes de Baluze.

Vu et lu,

A Paris, en Sorbonne, le 26 octobre 1861,

Par le Doyen de la Faculté des Lettres de Paris,

J.-Vict. LECLERC.

Permis d'imprimer :

Le Vice-Recteur,

ARTAUD.

Clermont-F^d, typ. Ferdinand Thibaud.